VOYAGE

AGRONOMIQUE,

DESCRIPTIF ET ARCHÉOLOGIQUE

DANS LE CENTRE ET L'EST DE LA FRANCE;

PAR

P.-A. CASTEL,

SECRÉTAIRE GÉNÉRAL DE LA SOCIÉTÉ D'AGRICULTURE, SCIENCES, ARTS ET BELLES-LETTRES DE BAYEUX, MEMBRE DE PLUSIEURS ACADÉMIES NATIONALES ET ÉTRANGÈRES, ETC.

BAYEUX,

Imprimerie de St.-Ange Duvant fils et Ce.

1851.

VOYAGE

AGRONOMIQUE, DESCRIPTIF ET ARCHÉOLOGIQUE

DANS LE CENTRE ET L'EST DE LA FRANCE ;

PAR M. CASTEL.

Lu à la Société d'Agriculture, Sciences, Arts et Belles-Lettres de Bayeux, dans ses séances générales des 30 novembre 1850 et 15 février 1851.

MESSIEURS,

Ayant été engagé par plusieurs de nos Confrères à présenter à la Société la relation d'un voyage que j'ai fait, l'été dernier, dans le centre et l'est de la France, j'ai mis mes notes en ordre, recueilli mes souvenirs, et j'ai l'honneur de vous communiquer un travail qui, sans avoir une haute importance, pourra captiver un moment votre attention et être de quelque utilité aux voyageurs qui visiteront les contrées que je vais décrire.

La route de Bayeux à Paris étant bien connue, je me dispenserai de faire la description des lieux qu'elle traverse. Comme moi vous avez remarqué, Messieurs, en passant : 1° les tours de Saint-Etienne, de Saint-Pierre et de Saint-Sauveur de Caen, dont les flèches s'élèvent si majestueusement vers le ciel ; 2° la colonne monumentale que notre honorable et savant confrère, M. Arcisse de Caumont, a fait placer, à l'extrémité du village de Vimont, en commémoration de la célèbre bataille du *Val ès Dunes*, qui eut lieu, à peu de distance de là, sur le territoire de Billy, le 10 août 1047, et qui a eu une si haute influence sur l'histoire anglo-normande ; 3° les vues superbes dont on jouit du haut des côtes de Moult et de Saint-Laurent ; 4° la magnifique vallée d'Auge, encadrée dans des collines où la végétation est si riche, si puissante, si animée; 5° l'église Saint-Pierre de Lisieux, qui eut longtemps le titre de cathédrale et qui est encore un monument fort curieux; 6° la vallée de la Rille, à la Rivière-Thibouville, au milieu de laquelle brille le château de la *Carogère*, bâti à la fin du siècle dernier par le fermier général d'Augny; 7° les belles plaines du Lieuvain et du Neubourg, dont les cultures peu variées annoncent que la routine et les anciens usages y sont encore plus suivis que les systèmes rationnels; 8° l'heureuse situation de Louviers, au milieu de la vallée de l'Eure, et l'église de cette ville, dont la façade méridionale, avec ses élégantes aiguilles, ses gargouilles délicatements sculptées et ses balustrades découpées à jour, ressemble à un léger tissu de dentelle; 9° le château de Gaillon, ancienne résidence des archevêques de Rouen, que Georges d'Amboise fit reconstruire par les architectes Jean Joconde et Androuet du Cerceau et décorer de sculptures par Paul Ponce et Jean Juste, qui était devenu une des plus belles habitations de France, et dont les restes mutilés sont maintenant noyés dans des constructions modernes servant de maison centrale de détention; 10° le château de Bizy, cher à la famille d'Orléans, dont le vaste parc couvre les hauteurs de Vernon d'un beau tapis de verdure; 11° le château de Rosny délicieusement assis, au milieu des arbres, dans une île de la Seine; 12° la ville de Mantes, dominée par la jolie tour de l'église Saint-Maclou, et entourée de côteaux pittoresques couverts de vignes; 13° les plaines de l'Ile de France, divisées à l'infini et dont le sol est léger et peu productif, excepté en légumes et en fruits; 14° les environs de Paris, si animés, et le Mont Valérien avec sa couronne de fortifications.

Que vous dirais-je, Messieurs, de la Grande Ville que vous ne connaissiez aussi bien que moi? Vous avez tous admiré cette suite de merveilles qui commence à la colonnade du Louvre et se termine à l'Arc de Triomphe de l'Etoile; l'église Notre-Dame, grave, noble, majestueuse, imposante; la sainte Chapelle, magnifique réseau de dentelle de pierre, qu'on vient d'emprisonner dans une enceinte de constructions à plusieurs étages; le Panthéon, surmonté de son dôme gigantesque; l'église Saint-Eustache, bel édifice des XVIe et XVIIe siècles; la Madeleine, vaste parallélogramme qui ressemble beaucoup plus à un temple païen qu'à une église, mais dont le fronton et l'hémicycle du chœur sont d'un haut style et d'un grand effet; la Bourse, superbe morceau d'architecture grecque; le Palais-Cardinal, si connu sous le nom de *Palais-Royal*, rendez-vous des étrangers; l'hôtel des Invalides, asile des braves blessés au champ d'honneur; le palais et le jardin du Luxembourg, belle création de Marie de Médicis; la fontaine des Innocents, l'un des chefs-d'œuvre de Jean Goujon; les colonnes de la place Vendôme et de la place de la Bastille, monuments en bronze presque sans rivaux; les musées du Louvre, du Luxembourg, de l'Hôtel de Cluny et de Saint-Thomas d'Aquin, où brillent tant de richesses artistiques et historiques; la Bibliothèque nationale, le plus riche établissement littéraire et scientifique de l'univers; le Jardin des Plantes et le Muséum d'histoire naturelle, qui offrent tant d'intérêt, etc. Je prendrai donc Paris pour point de départ de mon voyage, afin de ménager vos instants et la place que ce voyage pourra occuper dans votre Bulletin.

DE PARIS A ORLÉANS.

La gare du rail-way d'Orléans est établie sur le boulevard de l'Hôpital, au delà du Jardin des Plantes, et à peu de distance de la Seine. Elle n'est pas monumentale comme celles des chemins de fer de Strasbourg, de Lyon, du Nord et de Rouen, mais elle est vaste et située dans une position avantageuse, quoiqu'un peu trop éloignée du centre de Paris.

En sortant de l'embarcadère, on passe le mur d'enceinte et on entre dans une belle plaine dominée par de charmants coteaux couverts de vignes; on traverse ensuite les jolis villages d'Ivry et de

Vitry, et on arrive bientôt à la station de Choisy le Roy, sur les bords de la Seine.

Choisy est un lieu délicieux où mademoiselle de Montpensier fit construire, en 1682, une maison de plaisance sur les dessins de Mansard. Ce château appartint successivement à Mme de Louvois, au dauphin, fils de Louis XIV, à la princesse de Conti et à Louis XV, qui le fit rebâtir presque entièrement par l'architecte Gabriel. Il ne reste plus de cette somptueuse demeure que les arcades de la terrasse, les communs et autres bâtiments accessoires occupés par une fabrique de verrerie et de vitraux peints : le superbe château qui se mirait orgueilleusement dans les eaux de la Seine a été démoli à la Révolution.

Quoique privée du château qui contribua à sa prospérité, la petite ville de Choisy n'en est pas moins une des plus agréables résidences des environs de Paris. Sa position au milieu des arbres et sur les bords de la Seine, ses rues larges, droites, bordées de jolies maisons avec leurs jardins, sa proximité du chemin de fer et son voisinage de la capitale y attirent un grand nombre de promeneurs.

De Choisy à Juvisy, on continue à parcourir un pays fertile et riche en souvenirs historiques. C'est Villeneuve-sur-Seine avec ses charmantes habitations, où les rois de France avaient un manoir dès le xe siècle, et où le contrôleur général Le Pelletier fit bâtir une jolie église et un superbe château dont il ne reste plus qu'un pavillon. C'est Athis-Mons où saint Louis et Philippe le Bel habitèrent et qui possède encore un château précédé d'une avenue. C'est Ablon où les protestants avaient un temple sous Henri IV qui fut souvent fréquenté par Sully.

La station de Juvisy, point d'embranchement de la voie ferrée de Corbeil, est dans une belle plaine entre la Seine et des coteaux pittoresques. Le village est à droite sur le versant d'une colline et sur les bords de l'Orge, petite rivière que l'on traverse sur un pont-viaduc.

A Savigny, 3e station, on voit, dans un massif d'arbres, un château gothique flanqué de quatre tours et entouré d'un beau parc. Ce château, avec ses magnifiques dépendances, appartient à Mme Davoust d'Eckmuhl.

Epinay-sur-Orge est un charmant village caché dans les arbres. A peu de distance de la station on remarque, à droite, à la base d'une colline, le château de *Vaucluse.*

D'Epinay à Saint-Michel on continue à suivre la vallée de l'Orge, dont les bords sont fort agréables. Mais à ce dernier village, où se trouve la 5e station, la vue embrasse un plus vaste horizon. On voit, à droite, sur une éminence, à une distance de 3 à 4 kilomètres, la forteresse féodale de Montlhéry qui, par sa position, la solidité de ses murs d'enceinte et la hauteur de ses tours, était une des plus formidables du royaume. Ce château, qui soutint plusieurs siéges mémorables, fut bâti en 1015 par Thibaut, surnommé *Fil-d'Etoupe,* forestier du roi Robert, dont les descendants devinrent l'effroi non-seulement de leurs voisins, mais encore des rois de France, avec lesquels ils traitèrent plusieurs fois d'égal à égal.

Pour arriver au château, dont la principale entrée se trouvait du côté de la ville, il fallait franchir cinq portes flanquées de tours rondes avec fossés et ponts-levis, escalader trois terrasses, de 36 mètres de longueur chacune, élevées les unes au-dessus des autres, soutenues par des murailles et défendues par des tours, et traverser cinq enceintes fortifiées.

De cette forteresse redoutable, qui fut témoin de tant d'événements, il ne reste plus que quelques tours en ruine, des pans de murailles qui s'écroulent et le donjon, qui a résisté pendant huit siècles aux ravages de la guerre, aux injures du temps et qui s'élève encore de 32 mètres au-dessus du sol de la plate-forme. Ces lieux, où vécurent tant de puissants seigneurs et de nobles dames entourés de chevaliers aux riches armures, d'hommes de guerre bardés de fer, ne sont plus foulés que par de rares curieux; où résonnèrent pendant plusieurs siècles la trompette guerrière, les chants des soldats et les clameurs des combattants, on n'entend plus que le bruit du vent qui fouette le donjon ou le cri de l'oiseau nocturne qui y a établi sa demeure : le silence des tombeaux a succédé aux pompes de la puissance féodale.

Au delà de Saint-Michel se trouvent les stations de Bretigny et de Marolles, la première sur une levée et la seconde au milieu de la plaine. Rien ne frappe particulièrement la vue jusqu'à Bouray où l'on remarque le château de Fremigny entouré d'un beau parc et au-dessus duquel se déroule un coteau couronné de bois.

Entre Bouray et Lardy on voit des collines couvertes de taillis au milieu desquels percent des rochers de grès tertiaire qui donnent aux sites un aspect âpre et sauvage.

Lardy, village sur la Juine, est dans une jolie situation, dominée par un bois en côte, au haut duquel s'élève une tour qui plane sur la vallée. A peu de distance de la station, le chemin traverse un taillis couvert de roches blanches qui animent le paysage.

La station d'Etrechy est placée au milieu d'un terrain accidenté et peu productif. Le village et l'église sont à droite, sur la route d'Orléans. A peu de distance de là, dans un vallon entouré de bois, se trouvent les ruines curieuses du *Roussay*, ancien château fort flanqué de hautes tours et environné de larges fossés.

D'Etréchy à Etampes on traverse des terrains médiocres, coupés de vallons et de petits coteaux couronnés de bois et parsemés de blocs de grès qui forment des tableaux fort pittoresques.

La station d'Etampes est établie à l'extrémité nord de la ville, au pied d'un coteau sur lequel s'élève la tour *Guinette*, vieux donjon tombant en ruines et derniers vestiges de l'ancien château bâti par Constance, seconde femme du roi Robert, au commencement du XIe siècle. Ce donjon se distingue de ceux du même temps par sa structure : il paraît formé de quatre tours rondes réunies et engagées les unes dans les autres. Après avoir été longtemps habité par des rois, il devint une prison d'état, et fut démantelé par Henri IV.

Etampes est une ville agréable, bâtie sur deux petites rivières qui vont se jeter tout près de là dans la Juine et qui font tourner plus de quarante moulins à farine. Elle est située dans une charmante position, au milieu de beaux sites et entourée de jolies promenades, dont l'une, formant terrasse, parallèle au chemin de fer, à sa sortie de la station, est très-animée les dimanches et jours de fêtes. La grande rue est bordée de maisons dont quelques-unes sont fort belles.

Les principaux monuments d'Etampes sont :

1° Le vieux donjon tout crévassé qui la domine majestueusement ;

2° L'église Notre-Dame, surmontée d'une belle flèche qui paraît appartenir au XIIIe siècle ;

3° L'église Saint-Bazile, fondée par le roi Robert, mais qui n'a conservé que quelques parties de sa construction primitive et dont le portail est orné d'un bas-relief représentant le *Pèsement des Ames* ;

4° L'Hôtel de Ville, ancien édifice à tourelle et fort curieux.

Cette ville, anciennement connue sous le nom de *Sampæ*, fut témoin d'événements remarquables et souffrit cruellement des maux de la guerre à diverses époques. C'est maintenant une cité pacifique où il se fait un commerce considérable de grains et de farines, et qui possède en outre des fabriques de bonneterie, des filatures, des tanneries, etc.

A peu de distance d'Étampes, le chemin de fer franchit la vallée de la Louette sur deux beaux viaducs, parcourt le vallon de Lhémery, où des terrassements considérables ont été exécutés, et atteint bientôt le plateau de la Beauce, après avoir traversé, sur une longueur de 10 kilomètres, un sol formé d'alluvions tertiaires et presque dépourvu de terre végétale.

Les magnifiques plaines de la Beauce, qui se présentent à la vue et qu'on traverse sur une longueur de 40 kilom., sont loin d'être aussi bien cultivées que la campagne de Caen et les terres labourables de plusieurs cantons de notre arrondissement. La jachère a disparu, il est vrai, mais les céréales forment la base de la culture. L'assolement triennal, blé, avoine et prairies artificielles, y est en usage presque partout. On n'y voit ni colza, ni lin, ni chanvre, ni autres plantes industrielles. Les agriculteurs manquent d'engrais, et la sécheresse de l'été exerce une fâcheuse influence sur le sol végétal, qui est léger et repose sur un terrain tertiaire perméable. On ne trouve qu'une seule espèce de froment dans toute la Beauce, comme dans le bassin de Paris, c'est le blé sans barbe que nous connaissons sous le nom de *blé chicot*.

La première station que l'on rencontre dans la Beauce est celle de Monnerville. De là jusqu'à Chevilly il n'y a aucun changement dans la configuration du sol. On remarque, en passant, Angerville, jolie petite ville située sur les confins des départements de Seine et Oise, d'Eure et Loir et du Loiret ; Thoury, gros village où se trouvent les ruines d'un château féodal ; Artenay, chef-lieu de canton dont la tour de l'église est surmontée d'un télégraphe.

A peu de distance de Chevilly, dont l'église, nouvellement bâtie, a la forme d'une halle, on entre dans la forêt d'Orléans, et on s'arrête un instant à la station de Cercottes, située dans des défrichements de cette forêt. A 3 kilomètres plus loin, on commence à retrouver des vignobles, qui avaient complétement disparu à la sortie du département de la Seine ; on aperçoit bientôt les tours de la cathédrale de Sainte-Croix, et on ne tarde pas à entrer dans la gare d'Orléans, située au nord de cette ville, près de la porte Bannier, sur un terrain uni et de médiocre qualité : elle est très-vaste et pourvue de tous les bâtiments nécessaires à une grande exploitation.

ORLÉANS.

La ville d'Orléans, l'antique *Genabum*, occupe un terrain légèrement incliné sur la rive droite de la Loire, que l'on y passe sur un beau pont de pierre de neuf arches, ayant 332 mètres de longueur et 15^{m},50 de largeur. Vue de la rive gauche du fleuve, la cité, avec ses maisons s'élevant les unes au-dessus des autres, les tours de ses églises et ses quais animés, a un aspect agréable.

Par sa situation au centre de la France, sur un beau fleuve et à l'embranchement de plusieurs chemins de fer, Orléans est dans une position extrêmement avantageuse. Mais à l'exception de la rue Jeanne d'Arc et de la grande voie qui va de la porte Bannier au pont, ses rues sont, en général, étroites, irrégulières, mal bâties et détestablement pavées.

Quatre enceintes ont successivement mis la ville en état de défense : la première sous l'empereur Aurélien, la deuxième en 1329, la troisième en 1456 et la quatrième en 1490. Cet appareil guerrier a disparu ; et de beaux boulevards ont remplacé les fossés des anciennes fortifications.

Il est peu de villes dont l'histoire soit plus honorable et plus glorieuse que celle d'Orléans. Cette ville eut le courage de fermer ses portes à Attila, qui avait jeté l'effroi dans toute l'Europe, et elle dut à cet acte patriotique de n'être point livrée aux flammes comme les autres cités prises par les Huns ; elle opposa la même résistance aux Saxons qui, vers l'an 570, vinrent l'assiéger et furent forcés de se retirer, après avoir été battus par Childéric, roi des Franks. Mais ce qui l'a rendue célèbre, c'est d'avoir servi de dernier boulevard à la France, au commencement du xve siècle, et d'être devenue le premier théâtre de la gloire de Jeanne d'Arc.

Ce n'est point seulement l'héroïque défense d'Orléans qui est digne de louanges et mérite la reconnaissance éternelle de la patrie, c'est le culte religieux que ses habitants ont voué à l'immortelle bergère de Vaucouleurs. Lorsque Charles VII, oubliant les immenses services que Jeanne d'Arc lui avait rendus en rappelant la victoire sous ses drapeaux et en plaçant la couronne de France sur sa tête, abandonnait lâchement l'héroïne, eux lui élevaient un monument, aux acclamations de tous les cœurs généreux, sur le lieu même de ses exploits. Les calamités de la guerre les avaient ruinés ; mais ils trouvèrent dans leur patriotisme les moyens de faire face à la dépense : les femmes et les jeunes filles de toutes les classes firent le sacrifice de leurs bijoux, de ce qu'elles avaient de plus précieux, et le monument fut érigé. Là ne se borna pas la reconnaissance des Orléanais ; ils instituèrent une procession annuelle pour perpétuer la gloire de la Pucelle et le souvenir de leur délivrance ; et cette procession a encore lieu tous les ans en grande pompe, avec un appareil religieux et imposant.

Le monument élevé à Jeanne d'Arc par la reconnaissance des Orléanais ayant été détruit dans le siècle dernier, la ville obtint, en 1803, l'autorisation d'en ériger un nouveau, qui se trouve sur la place du Martroy, et se compose d'une statue en bronze de 2^{m},66 de hauteur, reposant sur un piédestal orné de quatre bas-reliefs. Cette statue, œuvre du sculpteur Gois, représente une femme coiffée d'un chapeau à bords relevés surmonté de panaches, vêtue d'une longue robe, la taille couverte d'une cuirasse, serrant fortement contre son sein gauche un drapeau et tenant dans sa main droite une épée dont la pointe est tournée vers la terre.

Rien dans cette statue ne rappelle la sainte fille inspirée qui sauva la France. Jeanne d'Arc est représentée dans une attitude sans dignité ; sa tête manque de noblesse ; sa figure ne porte l'empreinte ni de l'inspiration, ni du génie : l'ensemble et les détails forment un tout mesquin et fort peu artistique. Aussi les habitants d'Orléans ont-ils entrepris de remplacer l'œuvre du sculpteur Gois par un monument plus en rapport avec le culte qu'ils ont voué à leur libératrice. Par leurs soins, une souscription nationale a été ouverte dans toute la France, et M. Foyatier a été chargé de traduire leurs pensées sur le bronze. Il faut espérer que l'habile sculpteur s'est inspiré de son sujet comme l'a fait, avant lui, Marie d'Orléans, cette princesse qui possédait à un si haut degré le sentiment de l'art, et qu'il représentera l'héroïque Jeanne d'Arc dans la posture et avec les traits qui conviennent à son caractère inspiré et à son immortel dévouement.

Orléans renferme plusieurs monuments curieux, dont le principal est la cathédrale.

L'église cathédrale, dite de *Sainte-Croix*, bâtie sur l'emplacement d'une ancienne basilique fondée par saint Euverte, est une des plus belles de France. La première pierre en fut posée par Henri IV le 18 avril 1601, et on y a travaillé jusqu'à nos jours.

Cet édifice est non-seulement curieux sous le rapport de l'art, mais il doit être considéré comme une production tout à fait anormale pour l'époque de sa construction et une heureuse exception à la règle suivie par tous les architectes des XVIIe et XVIIIe siècles. C'est en quelque sorte une énigme de voir élever un monument gothique dans un temps où l'on abattait ou mutilait ceux des siècles précédents pour les rebâtir ou *embellir* dans le goût de la renaissance, déjà deviée de la route que lui avaient tracée le Primatice, Serlio, Androuet du Cerceau, Jean Joconde, Pierre Lescot, Philibert Delorme (qui élevèrent Fontainebleau, Chambord, Gaillon, Chenonceaux, Anet, le Louvre, les Tuileries et d'autres magnifiques châteaux sous les règnes de François Ier, Henri II et ses trois fils). Après ces illustres architectes, les bonnes traditions de la renaissance s'altérèrent ; leurs successeurs crurent faire mieux qu'eux en revenant aux formes rectilignes de l'art grec et romain, et bientôt commencèrent à surgir ces constructions à ouvertures carrées, à surfaces uniformes et presque dépourvues d'ornements qui caractérisent le XVIIIe siècle.

On ne peut donc trop louer les architectes de la cathédrale d'Orléans d'avoir adopté le style remarquable des XIIIe et XIVe siècles. Toutefois, ils n'ont pu s'empêcher de sacrifier à l'esprit novateur de leur temps : ils ont multiplié les contreforts, les arcs-boutants, les clochetons et les tourelles qui décorent si agréablement les églises gothiques ; mais ils ont donné à ces ornements tant de légèreté et de grâce qu'ils ne paraissent point trop confus et ajoutent à la beauté de l'œuvre au lieu de lui nuire.

La façade occidentale ou le grand portail a été construite en majeure partie sur les dessins et sous la direction du célèbre architecte Gabriel, qui a déployé dans cet ouvrage tout le luxe de son imagination. Imbu des idées de l'époque et vivant au milieu de Paris, qu'il embellit notablement, il n'adopta pas un style unique, qui eût donné à son œuvre plus de gravité et d'harmonie ; il fit un composé des différentes formes sous lesquelles l'ogive s'était produite depuis le XIIIe jusqu'à la fin du XVe siècle, et dota la cathédrale d'une des façades les plus ornées qui existent. Malheureusement il sacrifia un peu le principal aux accessoires : il ne donna point aux portes assez d'ampleur et de relief. Gabriel dirigea les travaux de 1723 à 1766 ; et plusieurs autres architectes ont travaillé à l'achèvement de son œuvre, en modifiant plus ou moins le projet primitif. Cette façade se compose de deux parties qui s'harmonient assez bien : le portail proprement dit et les tours dont il est surmonté.

Le portail, divisé dans toute sa hauteur par quatre grands contreforts décorés de petites colonnes et de niches surmontées de dais et de pinacles dans lesquelles sont placées des statues de saints, forme trois étages. Le premier est percé de trois portes de dimensions égales, dont celle du milieu, qui ressemble un peu aux anciens porches historiés, est ornée de statues placées sur des socles : chacune des deux autres est partagée en deux ouvertures surmontées d'un arc ogive commun, de la même hauteur que celui qui se trouve au-dessus du porche central ; le deuxième se compose de grandes rosaces à compartiments réguliers qui remplissent le nu du mur ; le troisième consiste dans une belle galerie à jour qui forme le couronnement de cette première partie, dont la hauteur est de 42 mètres.

Les deux tours composent la seconde partie et s'élèvent majestueusement au-dessus de la première ; elles sont de même forme et de même hauteur, et sont également divisées en trois étages : le premier est percé d'une grande fenêtre décorée de chaque côté de statues de saints placées dans des niches richement sculptées, et aux angles se trouvent des escaliers en spirales surmontées de tourelles d'une extrême élégance ; le deuxième, un peu en retraite sur le premier, se compose d'une galerie à jour, transparente comme un réseau de dentelle et terminée par une charmante balustrade; le troisième enfin est formé d'une colonnade circulaire, couronnée par une riche broderie de pierre. Ces deux tours ont une hauteur de 38^{m},50, ce qui donne à la façade une élévation générale de 80^{m},50. Les dépenses de construction de cette façade se sont élevées, dit-on, à neuf millions de francs.

Les portails septentrional et méridional, construits dans le XVIIe siècle, sont également remarquables par leur élégance et leurs belles proportions ; mais ils sont malheureusement percés de petites portes dans le style grec ou composite qui font un contraste désagréable avec les ornements gothiques dont elles sont entourées.

Du milieu du transept s'élève une tour centrale en charpente, de forme octogone, terminée par une flèche et décorée aux angles de légers contreforts et d'élégantes tourelles. Sa hauteur au-dessus du toit, non compris la croix qui la termine, est de 30 mètres.

L'intérieur de Sainte-Croix est loin d'être en harmonie avec la magnificence de l'extérieur ; il est vaste et imposant, mais d'une extrême nudité : il n'offre d'autres ornements de sculpture que le rond-point du chœur et la galerie qui règne tout autour de l'édifice au-dessous des grandes fenêtres occupant la partie supérieure des travées.

Peu de cathédrales ont des dimensions aussi considérables que celle d'Orléans. Elle a 130 mètres de longueur depuis l'entrée jusqu'au fond de la chapelle de la Vierge et 33 mètres de hauteur sous clef de voûte. La largeur de la façade principale est de 54 mètres.

L'église Sainte-Croix renferme des objets d'art précieux, notamment la chaire à prêcher, sculptée par Romagnesi ; une Vierge en marbre blanc, par Michel Bourdin ; le tableau du maître autel, peint par Bonnard, et quelques restes de vitraux de la fin du XVIIe siècle.

On a percé récemment, en face du grand portail, une magnifique rue de 20 mètres de largeur. Cette rue, qui a démasqué la cathédrale et puissamment contribué à l'embellissement et à l'assainissement de la ville, porte le nom de *Jeanne d'Arc.*

Outre la cathédrale, on doit visiter à Orléans :

1° L'église Saint-Aignan, l'une des plus anciennes de la ville, mais qui a été rebâtie plusieurs fois et où on remarque principalement la crypte, le portail latéral et la châsse renfermant les reliques de saint Aignan ;

2° L'église Saint-Euverte, qui sert aujourd'hui de magasin et est surmontée d'une haute tour carrée construite en 1566 ;

3° Notre-Dame de Recouvrance, où l'on voit quelques restes de vitraux peints ;

4° L'Hôtel de Ville, bâti au XVIe siècle, dont la porte est ornée de cariatides ;

5° Le Palais de justice, édifice moderne décoré d'un péristyle formé de quatre colonnes d'ordre dorique et surmonté d'un fronton ;

6° La maison de *Diane de Poitiers*, rue des Albanais, qui passe pour avoir été bâtie par Henri II et dont la façade du côté de la cour est fort remarquable ;

7° La maison de *François Ier*, rue de Recouvrance, construite, dit-on, pour la belle duchesse d'Estampes, et qui est ornée de salamandres et de cartouches où on lit la date de 1540 ;

8° La maison d'*Agnès Sorel*, rue du Tabourg ;

9° Le Musée, fondé en 1825, qui renferme des objets d'art et d'antiquités précieux, notamment quelques tableaux dus aux pinceaux de Philippe de Champagne, de Mignard, de Rigaud, de Vien, etc ;

10° La Bibliothèque publique, qui date de 1714 et renferme plus de 35,000 volumes, des manuscrits et un médailler ;

11° Le Jardin botanique, établi dans une belle situation, près de la Loire, et orné d'une terrasse d'où l'on jouit d'une superbe vue.

D'ORLÉANS A BOURGES.

En sortant de la gare d'Orléans, le chemin de fer du Centre traverse des vignes et des jardins parsemés de maisons, passe la Loire sur un pont de pierre, et, à 5 ou 6 kilomètres au delà du fleuve, il entre dans la Sologne, qu'il parcourt sur une longueur d'environ quinze lieues.

Tout ce que j'avais entendu dire de la stérilité de la Sologne m'a paru au-dessous de mes propres remarques. Figurez-vous, Messieurs, une immense étendue de pays qui s'étend sur plusieurs départements, et où, sauf de rares bouquets de bois.taillis et de pins, quelques prairies de qualité inférieure et des cultures fort médiocres autour des villages, l'on ne voit qu'un terrain couvert de mousse et de bruyère. La couche superficielle du sol, ayant environ un mètre de profondeur, est formée de sables tertiaires mêlés d'un peu de terre végétale, et repose sur de l'argile imperméable qui retient l'eau ; de sorte que, l'hiver, la majeure partie du pays est noyée, tandis que, pendant l'été, la chaleur fait évaporer les eaux, dessèche le terrain, et bientôt l'humidité est remplacée par une aridité presque aussi contraire à la végétation.

Ainsi ce malheureux pays est alternativement exposé à l'influence de deux fléaux contraires à l'agriculture : abondance d'eaux qui recouvrent le sol une partie de l'année, et sécheresse extrême pendant l'autre partie qui réduit la couche végétale à l'état de sable fin et sans consistance. Toutefois, en considérant attentivement cette terre ingrate, on reconnaît qu'elle n'est point stérile. Autour des villages, des centres de population, où on peut se procurer des engrais et où on a donné du corps au terrain superficiel, il existe des cultures de pommes de terre et de seigle qui, sans être belles, paraissent de nature à dédommager le cultivateur de ses peines. Les taillis qu'on voit ça et là dans ce vaste désert et les haies qui entourent de petites oasis prouvent que le chêne, l'aune et quelques autres essences peuvent s'y acclimater ; le genêt y pousse spontanément, et tout porte à croire qu'il serait facile de l'y cultiver en grand ; dans les plis du terrain, partout où les eaux ont un cours régulier on remarque des prairies qui, sans être fort herbues, témoignent que le sol est susceptible d'amélioration. Il parait certain que, lors de la conquête des Gaules par Jules-César, la Sologne était couverte de forêts ; et les traces de camps romains qu'on y trouve attestent que ce pays offrait alors des ressources dont il est aujourd'hui dépourvu.

Pour améliorer et assainir cette partie de la France, il faut faciliter l'écoulement des eaux par des canaux et de larges rigoles, soustraire le sol à l'action de la sécheresse, le fixer au moyen de plantations et lui donner du corps par des amendements et des engrais. Il faudrait le couvrir de forêts comme du temps des Romains, à l'exception des parties qui peuvent être fructueusement livrées à la culture ou aménagées en prairies naturelles ; déjà on y voit avec intérêt des bois de pins dont la végétation a de la vigueur. Les feuilles et les autres débris qui se détachent des arbres forment un résidu, une masse d'humus qui augmente chaque année ; et lorsqu'on abattra ces arbres, il se trouvera une couche de terre végétale de nature à être cultivée. En même temps qu'on augmente les plantations d'essences résineuses, il serait bon aussi d'agrandir les taillis déjà plantés, qui sont susceptibles de produire des revenus plus tôt que les futaies.

Le Gouvernement a intérêt à contribuer à l'assainissement d'une vaste contrée improductive et qui ne peut contribuer aux charges de l'Etat. C'est à lui principalement à tracer et à faire exécuter les canaux d'écoulement et autres travaux indispensables, à encourager les plantations et à indiquer aux propriétaires du terrain les moyens à employer pour le fertiliser.

Le premier centre de population qu'on trouve, après Orléans, sur le bord du chemin de fer est la Ferté-Saint-Aubin, chef-lieu de canton, dont l'église, surmontée d'un clocher carré, se dessine au bout d'un bois de pins. Près du bourg on voit un château entouré de larges fossés alimentés par les eaux de la petite rivière du Cosson. Une partie de ce château est de style gothique; l'autre a été construite au XVIIe siècle, par le maréchal de La Ferté, sur les dessins de Mansard. A environ 8 kilom. au delà de ce bourg, on entre dans le département de Loir et Cher.

La deuxième station est à Lamotte-Beuvron, chef-lieu de canton toujours dans la Sologne et qui n'offre rien de remarquable; il en est de même de Nouan le Fuzelier et de Salbris, centres de population assez considérables pour un pays presque improductif.

A Theillay, cinquième station située à 70 kilom. d'Orléans, le sol commence à s'améliorer; il existe encore des landes incultes, mais la végétation est plus active, et on remarque que le terrain est mieux cultivé. On passe bientôt la ligne séparative des départements de Loir et Cher et du Cher; on traverse l'Auron et le canal du Berry, et on arrive à la gare de Vierzon.

Vierzon est une jolie petite ville située au confluent du Cher et de l'Yèvre, et à la jonction des chemins de fer d'Orléans, de Nevers et de Limoges. Sa position au milieu de vastes prairies encadrées dans de charmantes collines et de sites agréables, sur la route de Paris à Toulouse, une rivière navigable et près du canal du Berry, lui donne du mouvement et de la vie. Après avoir traversé le désert de la Sologne, on voit avec plaisir cette oasis avec ses rues bien percées et ses maisons couvertes d'ardoises, audessus desquelles s'élèvent, à peu de distance, les hautes cheminées des forges et fonderies de Vierzon, qui occupent un rang important parmi les établissements métallurgiques de la France.

A 10 kilom. au delà de Vierzon se trouve la station de Foécy, village de 1,000 habitants, où existe une manufacture de porcelaine dont les produits sont estimés. Le sol est assez varié; on est entré sur les terrains secondaires, et la végétation acquiert de la vigueur. Des tableaux riants, des paysages animés se succèdent aux yeux du voyageur; le train marche rapidement et arrive à Mehun-sur-Yèvre, petite ville fort ancienne. L'église, de style roman, paraît appartenir au XIe siècle; mais la nef a été reconstruite dans le XVe.

Le château de Mehun, bâti par le duc Jean de Berry, était très-considérable; et Charles VII, qui l'avait longtemps habité avec Agnès Sorel, avant que Jeanne d'Arc l'eût replacé sur le trône de France, l'affectionnait particulièrement. C'est là qu'il se laissa, dit-on, mourir de faim, craignant d'être empoisonné par son fils, qui régna après lui sous le nom de Louis XI. Il ne reste plus de ce vieux manoir, qui fut témoin de tant de fêtes royales et de joyeux ébats, que les débris d'une chapelle, une tour encore debout, une autre à moitié détruite et quelques pans de murailles.

Après Mehun se trouve la station de Marmagne, joli village situé à droite du canal du Berry. Au delà de Marmagne, on traverse de nouveau ce canal, bordé de peupliers qui font un charmant effet dans le paysage; on aperçoit bientôt, au milieu des arbres, les hautes tours de la cathédrale de Bourges, et on ne tarde pas à entrer dans la gare provisoire de cette ville, qui en est éloignée de plus d'un kilomètre.

BOURGES.

Bourges, l'antique *Avarioum*, l'une des principales cités gauloises lors de la Conquête, et qui soutint un siége célèbre contre César, est maintenant le chef-lieu du département du Cher. Cette ville est agréablement située, sur les versants d'un côteau, au confluent de l'Auron, de l'Yèvre et de l'Yévrette. Elle tient un rang dans l'histoire dès les premiers siècles de la fondation de Rome; 600 ans avant notre ère, elle était la capitale de la Gaule celtique; et c'est de là, dit-on, que partirent Sigovèse et Bellovèse, neveux d'Ambigat, roi du pays, pour aller envahir l'Italie et fonder de nouveaux états. Jules-César désigne Avaricum comme l'une des plus belles villes des Gaules. Capitale des Bituriges pendant l'ère gallo-romaine, elle prit le nom de ces peuples, d'où lui est venu celui de Bourges. L'enceinte antique est encore apparente dans presque tout son périmètre, et quelques tours restent debout.

La ville actuelle est vaste, mais peu animée. Sa population n'est plus en rapport avec son étendue, et les vides sont comblés par des jardins et des cours qui donnent de l'agrément aux habitations, mais qui les isolent et jettent de la monotonie sur l'ensemble. Les rues sont assez larges, mais elles sont pavées contrairement à toutes les règles de l'art et coupées de ruisseaux; la plupart des maisons n'ont qu'un étage.

Bourges renferme plusieurs monuments curieux, dont les principaux sont la Cathédrale et l'Hôtel de Jacques Cœur.

La cathédrale est l'un des plus vastes édifices religieux de la France; elle est surtout remarquable par les proportions colossales de sa façade, l'élévation de ses voûtes, la beauté de ses vitraux et la grandeur de sa masse. L'église primitive fut fondée par saint Ursin au IIIe siècle et dédiée par lui à saint Etienne. Détruite peu de temps après, elle fut rebâtie l'an 380 sur le même emplacement et sur une plus grande échelle par saint Palais, 9e archevêque de Bourges. Cette construction dut disparaître à son tour, quelques siècles plus tard, pour faire place à un monument plus en rapport avec les idées du temps.

L'église actuelle est bâtie sur les ruines des deux premières cathédrales, et on croit qu'elle fut commencée à l'époque où Charlemagne érigea, en faveur d'un de ses fils, l'Aquitaine en royaume, dont Bourges devint la capitale. L'église souterraine fut établie par Rodolphe de Turenne, 46e archevêque, au commencement du IXe siècle. Ce prélat fit élever en outre les fondements de tout l'édifice jusqu'au niveau du sol. Les constructions furent continuées par ses successeurs, notamment par Gauslin, 56e archevêque, mort en 1030, qui employa les largesses du roi Robert, son frère, à élever les murs et les colonnes des nefs jusqu'à la hauteur des voûtes, qui ne furent faites qu'aux XIIIᵉ et XIVᵉ siècles. Guillaume de Brosse, 78ᵉ archevêque, termina les travaux intérieurs et fit la dédicace de la nouvelle cathédrale le 5 mai 1324. Le porche central et les deux portes du côté gauche appartiennent au XIIIᵉ siècle; les deux portes du côté droit portent le cachet du XVᵉ; les tours ont été construites dans le commencement du XVIᵉ.

Un perron de quinze marches précède la façade, qui a 56 mètres de largeur. Cette façade est extrêmement remarquable par ses majestueuses proportions et les riches sculptures dont elle est ornée. Elle se compose d'un porche central et de quatre plus petits, deux à droite et deux à gauche, surmontés de deux grandes tours carrées ayant, celle du nord, 66 mètres, et celle du sud 55 mètres d'élévation.

Le portail est décoré de sculptures dignes de toute l'attention de l'antiquaire et de l'artiste. L'intervalle laissé par la retombée de chaque ogive qui règne au-dessus du soubassement du portail est rempli par une suite de tableaux représentant les différentes scènes de la Genèse. Le tympan du porche central reproduit la grande scène du Jugement dernier; et les voussures de ce superbe porche sont composées de six rangs de statuettes figurant la Cour céleste.

A gauche du porche principal se trouve la porte de Saint-Etienne, dont le tympan, divisé en trois compartiments, représente les diverses phases de la vie du patron de la cathédrale. L'autre porche, du même côté, est celui de Saint-Ursin, apôtre du Berry; et le tympan est orné des principaux traits de l'histoire de ce saint, dont la statue, de grandeur naturelle, est placée sur le pilier symbolique qui partage la porte géminée.

Les deux porches de droite sont consacrés l'un à la Vierge et l'autre à saint Guillaume, et sont décorés de riches bas-reliefs représentant, dans une suite de tableaux, les principaux traits de l'histoire de ces personnages vénérés.

Quelques-unes des statues et des statuettes qui ornent la façade ont été refaites ou réparées depuis vingt ans, avec assez de soin ; mais ces restaurations ne sont pas complétement satisfaisantes. En général, les figures, comme celles du même temps que j'ai vues à Notre-Dame d'Amiens, à Sainte-Gudule de Bruxelles et ailleurs, manquent de candeur, de naïveté, et n'ont pas cet air inspiré, cette auréole de poésie et de majesté qu'on remarque dans celles que les imagiers des XIIIe, XIVe et XVe siècles ont ciselées avec tant de foi et de talent.

Le portail septentrional, ou de *Notre-Dame de Grâce*, est décoré de figures endommagées, mais encore reconnaissables, formant une suite de tableaux représentant, savoir : au centre du tympan, la Vierge assise sous un riche dais et tenant l'enfant Jésus sur ses genoux ; à droite les trois rois mages s'avançant vers le nouveau né pour lui offrir leurs présents ; à gauche l'Annonciation et la Visitation.

Le portail méridional, dit de l'Archevêché, offre le plus vif intérêt. Le tympan représente Jésus-Christ ayant la main droite étendue vers le ciel et tenant de la gauche le livre de la Vérité. Sur le linteau sont sculptés les douze apôtres. Les pieds droits sur lesquels reposent les voussures sont décorés de six grandes statues dont les têtes sont nimbées.

A l'exception des portails, qui sont richement sculptés, l'extérieur de Saint-Etienne n'offre pas cette profusion de tourelles, de clochetons, de pinacles, de contreforts, d'arcs-boutants et de gargouilles qu'on remarque à Orléans, à Amiens, à Reims, à Bayeux, etc. Tout le talent des architectes et des imagiers s'est particulièrement concentré sur les façades.

L'intérieur frappe tout d'abord pas ses vastes proportions. Il se compose de cinq nefs, du chœur et des chapelles latérales. Il n'y a pas de transept ; l'absence de cette partie importante des anciennes basiliques nuit à l'harmonie de l'ensemble ; les lignes sont trop longues et trop uniformes : la vue s'égare dans ces immenses galeries où rien ne vient en tempérer l'essor.

L'édifice a 116 mètres de longueur dans œuvre et 41 de largeur. La grande nef a 38 mètres de hauteur sous clef et 12m,60 d'une colonne à l'autre. Le chœur est vaste et renferme 52 stalles sculptées qui ne sont pas sans mérite. Le sanctuaire est pavé en carreaux de marbre rouge et gris. L'autel, qui date de la seconde moitié du XVIIIe siècle, est en marbre, et plus riche que de bon goût, eu égard au style du monument dans lequel il est placé.

Dix-huit chapelles ornent le pourtour de l'église ; les plus remarquables sont celles du Sacré-Cœur, de Sainte-Solange, et de la Vierge. La sacristie, qui se trouve entre la chapelle de Saint-Jean-Baptiste et celle de Saint-Benoit, a été bâtie en 1446 par Jacques Cœur et Jean, son fils, 88e archevêque. La porte est décorée de sculptures qui accusent le XVe siècle et sont assez curieuses.

Il existe peu d'églises qui renferment autant de verrières que la cathédrale de Bourges. On en compte 183, divisées en 5,592 panneaux de différentes grandeurs ; elles appartiennent presque toutes au style gothique, et ont été peintes aux XIIIe, XVe et XVIe siècles. M. Thévenot, de Clermont, est chargé de la restauration des vitraux dégradés ou détruits ; son talent bien connu et ses connaissances en archéologie garantissent que ce travail sera exécuté d'une manière digne d'éloges.

La cathédrale possède quelques tableaux de mérite, parmi lesquels on remarque une *Nativité du Sauveur*, et un *Saint-Jean-Baptiste*, par Pierre Boucher ; *le Martyre de Saint-Etienne*, par Mauzaise ; *le Massacre des Innocents*, par Champmartin, etc.

Au-dessous du chœur se trouve l'église souterraine dans laquelle on pénètre par deux portes placées à peu de distance des portails septentrional et méridional. C'est la première qui est la plus fréquentée. Après l'avoir franchie, on descend un escalier de 32 marches au bas duquel est une galerie voûtée et en pente de

36^{m},50 de longueur et de 4^{m},00 de largeur qui communique dans l'intérieur par un autre escalier de 13 degrés. L'église est de forme circulaire, et sa voûte a 8 mètres de hauteur sous clef ; elle est éclairée par douze fenêtres pratiquées dans le mur extérieur.

Avant la révolution de 1789, cette église renfermait entre autres objets précieux le mausolée du duc Jean de Berry qui y avait été apporté de la sainte Chapelle le 19 août 1757. Il n'en reste plus que la table de marbre noir qui recouvrait le sarcophage et sur laquelle repose la statue couchée du duc, en marbre blanc et de grandeur naturelle. Cette table est élevée sur un socle de pierre dure d'environ 0^{m},55 de hauteur, en arrière d'un petit caveau contenant les restes du prince et de la princesse sa femme. Sur quatre autres socles placés des deux côtés de l'autel se trouvent les statues à genoux de François de La Grange de Montigny, maréchal de France et gouverneur du Berry ; de Guillaume de l'Aubespine, chancelier d'Anne d'Autriche ; de Marie de La Châtre, son épouse, et de Charles de l'Aubespine, leur fils, garde des sceaux de France. Ces quatre statues, dans l'attitude de la prière, sont des objets d'art remarquables qui décoraient, avant la révolution de 1789, les chapelles des Anges et de Saint-Ursin, et qui furent retrouvées en 1802, dans un lieu plein de décombres ; on les descendit alors dans l'église souterraine, dont elles forment le principal ornement.

On remarque encore dans le fond de l'église une chambre sépulcrale renfermant un groupe de statues en pierre de fortes proportions, drapées à l'antique, assez bien sculptées, et peintes, représentant l'*Ensévelissement de Jésus-Christ*. La sainte Vierge, accablée de douleurs et appuyée sur saint Jean, est accompagnée de Marie-Madeleine et de plusieurs autres saintes femmes qui entourent le sépulcre. Au-dessus de ce monument, sur la face du mur, se trouvent, dans des encadrements cintrés, plusieurs groupes de statues de moyenne grandeur figurant des personnages de l'ancien Testament. Ce monument fut érigé en 1336 par Foucault de Rochechouard, 79e archevêque, et restauré en 1543 par Jacques Dubreuil, chanoine et archidiacre de Bourbon.

Indépendamment de l'église souterraine, il existe une crypte contenant quatre caveaux qui occupent un assez vaste espace sous le chœur de la cathédrale et servent de sépulture aux archevêques de Bourges.

Après la cathédrale, le monument qui excite le plus l'attention des étrangers est l'hôtel de Jacques Cœur, bâti, en 1443, par le célèbre argentier de Charles VII, sur les débris d'une construction gallo-romaine. Cet hôtel est fort curieux, parce qu'il accuse deux genres d'architecture dont l'un va finir et dont l'autre n'est point encore né. Si les tours, les tourelles et plusieurs autres parties sont dans le style ogival, quelques détails et ornements des fenêtres, des balustrades, etc. annoncent la renaissance, qui ne se révéla hardiment dans les arts en France que sous les règnes de Louis XII et de François Ier, c'est-à-dire longtemps après. Il y a donc là un sujet d'étude intéressant pour l'archéologue.

En considérant l'ensemble et les détails du monument, on reconnaît, à chaque pas, des traces de l'opulence du plus riche commerçant de son siècle, plutôt que le bon goût du constructeur. En effet, le plan et la plupart des parties en élévation présentent de notables irrégularités; du côté de la place, on remarque, dans la façade, trois tours inégalement espacées et différentes de hauteur et de forme; la façade opposée se compose d'un pavillon éclairé par une grande fenêtre ogivale, surmonté d'un toit aigu percé d'une lucarne ornée, et terminé par deux épis et un petit dôme ou campanile sous lequel se trouve l'horloge. Ce pavillon est flanqué d'une tourelle à clochetons et ornements dans le genre flamboyant du xve siècle, et de deux corps de bâtiment d'un seul étage percé de fenêtres carrées irrégulièrement espacées et de dimensions inégales. Dans la cour intérieure, le même défaut de symétrie existe; mais on y fait moins d'attention en remarquant les bas-reliefs délicieusement sculptés sur les tympans des portes et les tours prismatiques servant de cages d'escalier.

Les toits ne sont pas les parties les moins curieuses de l'édifice ; ils sont recouverts en plomb, décorés d'ornements et de statuettes de même métal, et surmontés de hautes et élégantes cheminées cylindriques, couronnées de chapiteaux en feuillage parfaitement fouillés.

Si on compare à cet édifice l'hôtel de ville de Louvain avec son triple étage de fenêtres ogivales, ses six tourelles et son toit aigu percé de trois rangs de lucarnes, le tout d'une régularité si parfaite et qui est de la même époque, puisqu'il a été construit de 1442 à 1448, l'avantage ne reste pas au palais de Jacques Cœur. Mais cet édifice, à cause des disparates qu'on y observe, de ses deux genres d'architecture, de ses ornements et des souvenirs qu'il retrace, est un des plus intéressants qui existent en France. A l'intérieur comme à l'extérieur, tout rappelle la mémoire de l'illustre et malheureux ami de Charles VII, qui contribua largement à délivrer la France du joug anglais, en prêtant au roi l'argent nécessaire pour équiper l'armée qui remporta la mémorable bataille de Formigny. On voit sur tous les murs et sur les portes les armes parlantes de Jacques Cœur, qui se composent de coquilles de pélerins et de cœurs. On lit encore sur une balustrade en pierre, découpée à jour, au-dessous du campanile de l'horloge cette devise écrite en caractères gothiques :

A vaillants cœurs rien impossible.

L'hôtel a éprouvé peu de changements et de mutilations au dehors, mais il n'en est malheureusement pas de même à l'intérieur, où tout a été bouleversé et en partie détruit pour y établir les tribunaux et la mairie qui l'occupent aujourd'hui. La chapelle, véritable chef-d'œuvre de l'art au XVe siècle, a été divisée en deux étages par un plancher ; la grande salle a été mutilée ; il y a peu de temps encore, l'architecte officiel a fait détruire une superbe cheminée, beau type de l'époque de la construction de l'édifice, qui ne nuisait pas sensiblement et pouvait parfaitement être conservée ; lorsque la Haute Cour de justice s'y est réunie et que les accusés du 15 mai 1848 y ont été conduits et renfermés, les mutilations déjà opérées ont été notablement augmentées ; on a dégradé les murs, en mettant des barreaux de fer aux fenêtres, et abattu des cloisons pour établir des couloirs et approprier la grande salle au service de la Cour. Maintenant il ne reste plus guère d'intact que le petit appartement où Jacques Cœur avait placé son coffre-fort, et dont la porte, doublée de fer, avec ses fortes serrures existe encore.

Et ne croyez pas, Messieurs, qu'en mutilant ainsi un des plus beaux hôtels du xvᵉ siècle on soit parvenu à l'approprier convenablement au service des tribunaux. Il n'existe pas en France une cour d'appel aussi mesquinement établie. Il n'y a qu'une seule salle un peu convenable pour les réunions générales et les audiences de la cour d'assises ; le premier président n'a pas de cabinet au palais, et celui du procureur général se trouve dans une pièce anguleuse et fort étroite : bref, le local est tout à fait insuffisant.

On doit encore visiter à Bourges :

1° L'archevêché, bel édifice qui, par son style, paraît avoir été construit sous le règne de Louis XIV ;

2° L'hôtel de Cujas, rue des Arènes, ainsi nommé parce qu'il fut habité par le célèbre jurisconsulte de ce nom : c'est un curieux édifice de la renaissance, dont la porte principale est décorée de sculptures ;

3° L'ancien Hôtel de Ville, rue du Paradis, qui remonte à 1488 et où l'on remarque surtout une tour servant d'escalier, couverte d'ornements depuis le bas jusqu'au haut, et une salle, au rez-de-chaussée, où se trouve une vaste et curieuse cheminée du moyen âge ;

4° L'hôtel Allemand, rue des Vieilles Prisons, monument de la fin du xve siècle ou du commencement du xvie, remarquable par l'élégance et le fini des sculptures qui le décorent ;

5° L'Arsenal, vaste construction qui domine toute la ville et était autrefois occupée par le grand seminaire ;

6° La Bibliothèque publique renfermant plus de 20,000 volumes et d'importants manuscrits ;

7° Le Musée Jacques Cœur, récemment formé, et qui prendrait promptement de l'extension s'il était établi dans une des grandes salles de l'hôtel du célèbre argentier.

Bourges possède de belles promenades publiques ; la plus agréable et la plus fréquentée est l'ancien jardin de l'archevêché qui est devenu propriété communale à la révolution de 1789, et où on admire surtout une superbe allée couverte, formée d'arbres centenaires.

DE BOURGES A NEVERS.

Il n'existe rien de curieux entre Bourges et Nérondes. Le chemin de fer, tracé sur un sol peu accidenté, traverse les villages de Moulins-sur-Yèvre, Savigny, Avor et Bengy-sur-Craon. On commence à voir des noyers dans les champs comme chez nous des pommiers.

Nérondes, où s'arrêtait alors le rail-way du Centre, est un bourg, chef-lieu de canton, d'un aspect agréable et dont l'église, de style ogival, est surmontée d'un clocher assez remarquable.

Le premier village que l'on rencontre sur la voie de terre après Nérondes est Saint-Hilaire de Gondilly ; on traverse ensuite Jouet, sur le canal du Berry, et Cours les Barres, sur le canal latéral à la Loire. Là, je me suis cru en Normandie. Les maisons sont construites avec du lias semblable à celui de Longraye, Hottot, Fontenay le Pesnel, Tournay et autres lieux des arrondissements de Bayeux et de Caen. Le terrain est boisé, et on voit des herbages et beaucoup de prairies.

Un peu au delà de Cours les Barres on entre dans le département de la Nièvre. A Givry, où se trouve un château entouré d'un parc, appartenant à M. Jaubert, ancien ministre, on traverse la Loire sur un long pont suspendu, et on aperçoit, à peu de distance, les belles forges, hauts fourneaux et fonderies de Fourchambault, sur la rive droite du fleuve, à 8 kilom. de Nevers.

Il y a moins de quarante ans, Fourchambault n'était qu'un chétif hameau dépendant de la commune de Garchisy, et une plage déserte existait à l'emplacement des immenses constructions de l'usine. Aujourd'hui c'est une ville de plus de 4,000 habitants, qui augmente tous les jours et que la famille Boignes, bienfaitrice de ce pays, a dotée d'une église, d'une école, d'une caisse d'épargnes et d'autres établissements utiles. C'est un des prodiges que l'industrie a faits depuis un demi-siècle.

Après avoir visité Fourchambault, on reprend la direction de Nevers, et bientôt on aperçoit les tours de ce chef-lieu du département de la Nièvre.

NEVERS.

Nevers est une ville de 14,000 habitants, bâtie en amphithéâtre sur la rive droite de la Loire, au confluent de la Nièvre. Les rues de la partie basse sont, en général, étroites et sinueuses ; mais la partie haute est bien percée et ornée de belles promenades. On y entre du côté de Paris par une porte monumentale, en forme d'arc de triomphe, élevée, en 1744, après la bataille de Fontenoy, en l'honneur du maréchal de Saxe.

La ville de Nevers est une ancienne cité des Gaules indiquée par César, dans ses Commentaires, sous le nom de *Neviodunum*. On remarque encore sur quelques points, notamment dans le mur de soutènement de l'ancien couvent des Oratoriens, des restes de l'enceinte gallo-romaine. Pepin le Bref y tint, en 765, une assemblée des barons de son royaume. Charles le Chauve y séjourna plusieurs fois, y fonda un établissement monétaire et en fit la capitale du comté de Nivernais, qu'il joignit aux possessions de Robert le Fort.

La cathédrale de Nevers, dédiée à saint Cyr, domine toute la ville. Son plan frappe d'abord par sa forme, qui n'a aucune analogie en France : c'est une longue basilique avec une abside à chaque extrémité. L'abside occidentale est romane, et la nef et le chœur appartiennent au XIIIe, XIVe et XVe siècles. L'église a une longueur de 110 mètres. La grande tour a 51m,80 de hauteur, depuis le sol jusqu'à l'appui de la balustrade supérieure, et est divisée par des galeries à jour portant sur des corniches en encorbellement. La balustrade du couronnement est bien sculptée et d'un bel effet ; mais les figures colossales appliquées contre les angles de la tour sont lourdes et d'un travail grossier. Les portes d'entrée de la cathédrale, au nombre de trois, se trouvent dans les façades latérales ; leurs archivoltes, délicieusement sculptées, ont été fort endommagées.

On remarque principalement à l'intérieur de l'édifice, qui est fort orné : 1° les chapitaux des colonnes, d'une grande légèreté et d'une finesse de sculpture extrême ; 2° les restes des vitraux du chœur dont la richesse et la variété des couleurs excitent vivement l'attention.

Il existe une crypte assez vaste sous l'abside occidentale.

L'antiquaire visite encore avec intérêt l'église romane de Saint-Etienne, fondée en 1063 par Guillaume, évêque de Nevers. Elle a la forme d'une croix latine, avec des transepts fort courts et une abside sémi-circulaire terminée par trois chapelles. Sur la croisée s'élève une coupole ovoïde, surmontée d'une tour carrée de peu de hauteur. Cette église est fort pauvre d'ornements tant à l'extérieur qu'à l'intérieur : ils consistent principalement en une série d'arcades bouchées autour de l'abside, avec quelques modillons d'une sculpture peu soignée.

Un des monuments les plus curieux de Nevers est le château, qui sert maintenant d'hôtel de ville et de palais de justice, et dont la façade forme un des côtés de la place Ducale. Bâti dans les premiers temps de la renaissance, le style de cette époque s'y marie aux dernières formes de l'ogive ; et la réunion de ces deux genres d'architecture présente beaucoup d'intérêt. On remarque principalement les tourelles servant de cages d'escalier : les fenêtres, qui les éclairent, au lieu d'être sur un seul rang perpendiculaire, suivent les contours des spirales et ressemblent à de larges banderoles découpées à jour.

La place Ducale, qui précède le château, a été établie en 1608 par le duc Charles II de Gonzague, sur le modèle de la place Royale de Paris ; elle est belle et contribue beaucoup aux embellissements de la ville, ainsi que le parc du château, qui a été converti en jardin public et forme une délicieuse promenade.

Avant de quitter Nevers, on doit visiter, rue de la *Parcheminerie*, la maison qu'habita Adam Billaut, connu sous le nom de *Maître-Adam* ou le *Menuisier de Nevers*, mort en 1662, dont les chansons eurent, dans le temps, un grand succès.

Il existe à Nevers une fonderie de canons, une fabrique de câbles de fer, des manufactures de porcelaine, de faïence, de bouteilles de verre, de perles pour broderie, etc. C'est une ville industrieuse qui va acquérir une nouvelle importance par suite de l'établissement du chemin de fer du Centre, dont elle sera, pendant quelques années, le point extrême.

De toutes les contrées que j'ai parcourues, ce sont les environs de Nevers qui ressemblent le plus à l'arrondissement de Bayeux. C'est le même sol. Les corps de ferme sont disposés comme les nôtres et construits avec des matériaux semblables ou peu différents ; les propriétés sont closes de haies d'épine et d'autres plantes sur lesquelles s'élèvent des arbres de diverses essences, mais où l'orme domine ; les cultures sont mêlées, et on voit beaucoup de pâturages couverts de bestiaux qui paissent en liberté : il ne manque guère que des pommiers pour compléter la ressemblance. Mais l'agriculture y est moins avancée que chez nous ; la végétation n'a pas la même vigueur ; les herbages sont de médiocre qualité comparés à ceux du Bessin, et les haies ne sont pas soignées comme les nôtres. Toutefois, c'est un beau et riche pays, où les habitants paraissent aisés et où le sol a de la valeur.

DE NEVERS A MOULINS.

A environ quatre kilomètres de Nevers, on passe sur le canal latéral à la Loire, et on constate la présence du calcaire à polypiers ; on traverse une forêt qui se développe agréablement sur les flancs et le sommet des collines, et avant d'arriver à Magny on rentre sur le lias, dont les argiles sont très-apparentes.

Magny, gros village et relai de poste, n'offre rien de curieux. La principale rue est tortueuse et assez mal bâtie. A trois kilomètres plus loin, on traverse le hameau de Moiry, où l'on rentre en plein sur le calcaire à polypiers. Le sol devient aride, peu profond et mal cultivé.

Saint-Pierre le Moutier, qu'on traverse ensuite, est une petite ville de 2,400 habitants, chef-lieu de canton, bâtie près d'un étang. Elle doit son origine à un monastère de l'ordre de Cluny, qui a été supprimé en 1790. Les maisons sont basses et peu élégantes.

En sortant de Saint-Pierre, on gravit une côte très-forte. La route est détestable, mal entretenue et d'un parcours difficile. Le terrain est toujours léger et peu productif.

A Saint-Imbert, petit village dont on aperçoit l'église à gauche, le sol paraît s'améliorer ; mais il n'est mieux cultivé qu'à 9 kilomètres plus loin, lorsqu'on a quitté le département de la Nièvre et qu'on est entré dans celui de l'Allier. La route est bordée de beaux noyers qui lui donnent un aspect plus riant.

Villeneuve-sur-Allier est un joli village coupé en deux par la route. On commence à retrouver quelques vignobles ; et la manière satisfaisante avec laquelle le sol est cultivé annonce que la Société d'Agriculture de l'Allier, avec laquelle la nôtre échange ses publications, a étendu sur le pays sa salutaire influence et provoqué des améliorations qui se révèlent à chaque pas.

De Villeneuve à Moulins, la route est très-agréable : le sol est couvert de récoltes variées, parmi lesquelles on remarque du colza, plante fort rare dans le centre de la France. En général cette culture est médiocre, comparativement à ce qu'elle est chez nous et dans le département du Nord ; mais les agriculteurs ont le bon esprit de réunir le colza en petites meules ou tas quelques jours après qu'il est coupé ; de sorte qu'il n'est pas exposé, comme le nôtre, à être égréné par la grêle et la pluie pendant qu'il est couché sur le sol.

MOULINS-SUR-ALLIER.

Moulins, chef-lieu du département de l'Allier, est une jolie ville de 15,000 habitants bâtie sur un terrain légèrement inégal. Les rues manquent, en général, de largeur et de régularité ; mais elles sont propres, passablement pavées et bordées de maisons assez bien bâties : on remarque particulièrement la rue de Paris et la rue Neuve. La ville renferme plusieurs belles promenades et de nombreuses fontaines publiques.

Cette ville a une existence fort ancienne ; mais sa prospérité et son accroissement datent seulement du XIVe siècle et sont dus aux ducs de Bourbon, qui y établirent leur résidence en 1368.

Il y a dans la ville peu d'édifices religieux remarquables. C'est l'ancienne chapelle du château des ducs de Bourbon qui fut choisie pour devenir la cathédrale lors de l'érection de l'évêché de Moulins, sous Louis XVI. Bâtie à la fin du XVe siècle, cette chapelle n'a ni façades ni tours ; on y entre par deux petites portes placées presque aux angles nord-ouest et sud-est. Dans son état actuel, ce n'est guère que le chœur d'une grande église avec des chapelles dans les bas côtés. Sa longueur dans œuvre est de 23 mètres et sa largeur totale, y compris les chapelles, de $14^{m},25$.

Mais si cette église n'a aucun des caractères qui distinguent nos belles cathédrales, elle est fort brillante à l'intérieur, et rappelle, par sa propreté et les objets d'art qu'elle renferme, les églises de la Belgique. L'ensemble de l'architecture est noble et d'un bel effet. Les fenêtres des chapelles et de l'abside sont décorées de superbes vitraux peints du commencement du XVIe siècle, dont quelques parties ont été habilement restaurées. Le chœur renferme des stalles sans hauts dossiers. L'autel, en marbre nuancé, est surmonté d'une statue de la Vierge, de grandeur naturelle, accompagnée de deux autres figures représentant des anges à genoux, l'un à droite et l'autre à gauche et un peu en avant. Derrière cet autel se trouve un sépulcre où l'on voit Jésus au tombeau entouré des saintes femmes agenouillées et de deux disciples debout. Ce groupe, en pierre, est digne de fixer l'attention du voyageur.

Les chapelles sont ornées de tableaux dont plusieurs ont du mérite. On distingue principalement, dans la première du côté droit, une *Annonciation*, qui ne forme sans doute que la partie extérieure d'un beau triptyque de l'école flamande.

Le château de Moulins, construit aux XIVe et XVe siècles, passait pour un des plus beaux de France. Il fut incendié en 1755, et ce qui fut épargné par le feu a été démoli il y a environ cinquante ans, à l'exception de hautes murailles, d'une tour dite la *mal coiffée*, et d'un charmant pavillon construit par Catherine de Médicis. Ce pavillon, qui sert aujourd'hui d'hôtel de gendarmerie, est décoré d'une entrée en forme de porche couvert de sculptures et surmonté de trois jolies fenêtres, l'une de face et les deux autres de côté. A droite et à gauche de ce porche se développent trois arcades à pilastres avec chapiteaux sculptés et une frise ornée de médaillons et d'armoiries, au-dessus desquelles on a élevé un étage.

L'Hôtel de Ville est moderne. La façade se compose de six colonnes doriques supportant un balcon à balustres ; au-dessus de ce balcon s'élèvent six colonnes d'ordre corinthien couronnées par une corniche et un attique, dont la partie supérieure est décorée de sept statues allégoriques.

En face de l'hôtel de ville se trouve la tour de l'Horloge, de forme carrée et surmontée d'un joli campanile. Les heures sont sonnées par quatre statues mobiles (un homme, une femme et deux enfants) placés à l'extérieur et dont on voit les mouvements lorsqu'elles frappent la cloche.

Un des monuments les plus curieux de Moulins est la chapelle du collége, qui occupe l'ancien couvent de la Visitation. Cette chapelle, fort jolie, est remarquable surtout par le superbe mausolée qu'elle renferme, élevé par la princesse des Ursins au duc de Montmorency, son époux, décapité à Toulouse, par ordre du cardinal de Richelieu, le 30 octobre 1632.

Ce monument, œuvre du célèbre sculpteur François Anguier, se compose d'un sarcophage en marbre noir sur lequel reposent les figures en marbre blanc du duc et de la duchesse. Henri II de Montmorency est représenté à moitié couché, le coude appuyé sur un coussin et la main posée sur un casque. La princesse des Ursins, voilée et en mante, est assise près de son époux et a les mains jointes sur ses genoux. Le sarcophage est flanqué de deux statues représentant : l'une la *Force* sous les traits d'Hercule assis ; l'autre la *Bienfaisance* ou la *Libéralité*, également assise, tenant d'une main des pierreries et des pièces de monnaie, et de l'autre un coffret rempli de bijoux. Une urne funéraire, du haut de laquelle part une guirlande ou banderole soulevée par deux génies, forme la partie supérieure du sarcophage; derrière s'élève un fronton triangulaire en pierre supporté par quatre colonnes d'ordre corinthien en marbre noir et surmonté de deux anges ou génies, de grandeur naturelle, tenant dans leurs mains les armes du duc. Le monument est complété par deux statues placées dans des niches au-dessus de la Force et de la Libéralité et figurant : l'une la *Noblesse* sous les traits de Mars ; l'autre la *Religion*.

En face du mausolée on voit à droite et à gauche d'une arcade, dont le tympan est orné de sculptures, deux statues en pierre représentant la *Foi* et *l'Espérance*.

L'autel est décoré d'un superbe reliquaire, donné par saint François de Sales à Mme de Chantal, et d'un bon tableau représentant la *Présentation au Temple*.

Moulins possède une bibliothèque publique renfermant plus de 15,000 volumes et des manuscrits curieux.

Il se publie à Moulins un recueil mensuel, dans le format in-4°, portant pour titre *l'Art en Province*, qui sort des presses de M. Desrosiers, l'un des imprimeurs les plus distingués de notre temps. Ce recueil, illustré de bons dessins de monuments, noirs ou coloriés, et de jolies vignettes, est fort intéressant, et fait l'éloge du talent et de la persévérance des hommes honorables qui l'ont dirigé depuis sa création.

DE MOULINS A CLERMONT-FERRAND.

En sortant de Moulins on traverse l'Allier sur un beau pont de 300 mètres de longueur et 14 de largeur. A peu de distance de là, dans le faubourg de la Madeleine, se trouve une vaste caserne de cavalerie pouvant contenir 500 hommes et 500 chevaux.

De Moulins à Chemilly, premier village qu'on rencontre sur la route, on a à droite des coteaux assez pittoresques, mais arides et peu productifs, tandis que, à gauche, la vue plane sur la vallée de l'Allier, où se trouvent de bonnes terres labourables et de belles prairies. En général le sol est fertile ; mais, d'après les renseignements qui m'ont été fournis par des cultivateurs avec lesquels je me suis entretenu, le régime alimentaire des campagnes est fort peu confortable. Le froment étant vendu ou donné aux bœufs pour achever leur engraissement, qui a été commencé dans les pâturages, on ne mange dans les fermes que du pain de seigle, presque jamais de viande de boucherie et rarement du lard, excepté pendant la moisson ; le pain, les pommes de terre, les haricots forment les principaux éléments de la nourriture, et la boisson habituelle est du petit vin de fort médiocre qualité. En comparant ce régime à celui de nos exploitations agricoles où les domestiques et ouvriers mangent du pain de froment toute l'année, de la viande presque tous les jours et boivent de bon petit cidre, on trouve à l'avantage de notre pays une différence dont nous avons le sujet de nous applaudir.

A 20 kilomètres de Moulins se trouve Châtel de Neuvre, bourg assez important bâti, des deux côtés de la route, dans une rampe extrêmement forte. De la tour de l'église, élevée sur le point culminant du coteau, on a une belle vue sur Moulins et sur la vallée de l'Allier.

Avant d'arriver à Saint-Pourçain, ville de 4 à 5,000 habitants et chef-lieu de canton, située dans une jolie vallée, au confluent des petites rivières du Limon et de la Sioule, le terrain s'améliore d'une manière sensible ; on remarque de magnifiques champs de blé, de seigle, de pommes de terre, de prairies artificielles, et les coteaux sont couverts de beaux vignobles ; tout annonce un sol fertile et bien cultivé.

Entre Saint-Pourçain et Gannat, la route est tracée dans les belles plaines du Bas-Bourbonnais, couvertes de superbes récoltes et de noyers séculaires.

Gannat, chef-lieu d'arrondissement, sur la rivière d'Andelot, se trouve presque à l'extrémité du département de l'Allier. La ville est mal bâtie ; mais elle est dominée par de délicieux coteaux couverts de vignes qui lui donnent un aspect agréable.

Cette ville renferme une chapelle dédiée à Saint-Procule qui était autrefois l'objet d'une grande vénération, et dont la fête annuelle attire encore aujourd'hui une certaine affluence de pélerins et de promeneurs du Bourbonnais et de l'Auvergne. On visite aussi avec quelque intérêt les restes du vieux château de Gannat, qui sert maintenant de prison.

A environ 4 kilomètres au delà de Gannat on entre dans le département du Puy de Dôme et on trouve ensuite sur la route la petite ville d'Aigueperse, qui ne forme guère qu'une seule rue, en général assez bien bâtie, le long du ruisseau de Bureau.

Aigueperse était le chef-lieu du duché de Montpensier. La ville renferme plusieurs monuments parmi lesquels on distingue :

1° L'église Notre-Dame, dont l'abside et le transept sont curieux ; le chœur est entouré de collatéraux et de cinq chapelles ; la nef a été reconstruite au XVIIIe siècle dans le goût architectural de l'époque ;

2° La sainte Chapelle, bâtie en 1475 par Louis Ier de Bourbon, comte de Clermont ; elle est dédiée à saint Louis et construite dans le style flamboyant du XVe siècle; parmi les objets d'art qu'elle renferme on remarque particulièrement deux statues en marbre représentant Louis IX et la reine Blanche, sa mère ;

3° L'Hôtel de ville où l'on voit la statue du chancelier de l'Hospital, né près d'Aigueperse, au château de la Roche.

A peu de distance de cette ville se trouve la butte de Montpensier, au sommet de laquelle s'élevait un château fort qui a été démoli en 1637. De ce point les montagnes de l'Auvergne se dessinent majestueusement à l'horizon. Le géologue reste frappé d'admiration en apercevant pour la première fois ces corps gigantesques que l'intérieur du globe terrestre a vomis de son sein dans des accès de fièvre convulsive, et il se fait alors une idée assez exacte de l'ensemble de la chaine du Puy de Dôme qu'il se propose de visiter en détail.

Après avoir dépassé la base de la butte de Montpensier, on entre dans la Limagne, et on arrive bientôt à Riom, seconde ville de l'Auvergne.

Du temps de Grégoire de Tours, Riom n'était qu'un village connu sous le nom de *Vicus Ricomagensis*. Lorsque Philippe-Auguste s'en empara, en même temps que d'une grande partie de l'Auvergne, au commencement du XIIIe siècle, c'était un bourg défendu par un château fort. Ce bourg devint alors le siége d'un bailliage, reçut plusieurs priviléges qui l'élevèrent au rang de ville, et les comtes d'Auvergne y fixèrent plus tard leur résidence : c'est encore aujourd'hui le chef-lieu judiciaire de la province.

Riom s'élève sur un monticule à la base duquel coule la petite rivière d'Ambone. En général la ville est percée de rues droites, assez larges, passablement pavées et bordées de jolies constructions. Elle renferme des promenades agréables, un grand nombre de fontaines publiques, plusieurs monuments dignes d'intérêt et beaucoup de maisons anciennes, surtout de la renaissance.

Eglise Saint-Amable. Cette église, qui est fort belle, appartient à plusieurs époques. La nef est du XIIe siècle, le chœur du XIIIe et la façade a été refaite au XVIIe. L'extérieur de l'édifice est imposant; on remarque principalement la porte du transept sud, de style roman, dont l'arcade et l'archivolte ornées de billettes sont fort élégantes. L'intérieur n'est pas moins curieux que l'extérieur. Les fenêtres du chœur sont décorées de vitraux peints où l'on voit les douze Apôtres et les patrons de l'église. Ces vitraux, qui sont modernes, font honneur au talent de M. Emile Thibaut, habile peintre-verrier de Clermont, des ateliers duquel ils sont sortis. Je signalerai encore comme digne d'attention les stalles du chœur et un tableau de Restout placé dans la chapelle de Saint-Gervais et Saint-Protais, représentant ces deux saints.

Notre-Dame du Marthuret. L'église du Marthuret, fondée par saint Louis, a été rebâtie en 1438. La porte principale, de la renaissance, est surmontée d'un dôme construit en 1584 et du haut duquel on a une belle vue. Sur le pilier symbolique du porche on admire une statue de la Vierge, de hauteur naturelle, qui est un véritable chef-d'œuvre : il est difficile de voir une figure plus gracieuse et portant à un plus haut degré le sentiment religieux que les tailleurs d'images des siècles de foi savaient donner à leurs œuvres. La chapelle Saint-Crespin renferme un grand tableau peint par Muller, représentant l'*Entrée à Jérusalem*, dont plusieurs parties sont bien traitées.

Sainte Chapelle. De l'ancien château des comtes d'Auvergne, sur les ruines duquel on a élevé le palais de justice actuel, il ne reste plus que la sainte Chapelle, bâtie en 1382, mais qui a été sinon entièrement reconstruite au XVe siècle, au moins notablement agrandie. Cette chapelle qui offre de charmants détails d'architecture et de magnifiques verrières établies vers 1450 par Charles de Bourbon et Agnès de Bourgogne, son épouse, est aujourd'hui divisée en deux par un plancher : le bas sert de salle d'audience à une des chambres civiles de la Cour d'appel, et le haut refermait les archives, qui ont été transportées ailleurs. Bientôt, tout porte à le croire, l'édifice sera rendu à sa destination première : un devis est dressé pour sa restauration.

Tour de l'Horloge. Cette tour, dans le style de la renaissance, est fort élégante, et on y remarque plusieurs détails intéressants.

Palais de Justice. Le palais de justice, élevé sur l'emplacement de l'ancien château des comtes d'Auvergne, est un édifice tout neuf qui se développe sur les quatre côtés d'une cour rectangulaire. Il a assez belle apparence, et le style en est convenable, sans avoir un haut caractère monumental.

Maisons anciennes. Parmi les anciennes maisons qui existent à Riom j'ai principalement noté :

1° Rue de l'Horloge, dans une cour, maison de la renaissance ornée de médaillons et de statuettes représentant la *Force*, la *Justice*, la *Prudence* et la *Tempérance* ; elle offre aussi un bel escalier en encorbellement, en spirale et à jour, également décoré de médaillons et de bas-reliefs ;

2° A l'angle des rues de l'Hôtel de Ville et du Croisier, maison toute entière de la renaissance, décorée d'une jolie tourelle en saillie sur la rue, de médaillons en terre cuite et de charmantes frises sculptées ;

3° Rue du Croisier, n° 3, maison de la renaissance, dont il reste des parties assez curieuses ;

4° Rue de l'Hôtel de Ville, n° 31, maison florentine d'un bon style.

A 2 kilomètres de Riom, sur la route de Volvic, se trouve le village de Mauzac, où existait une abbaye de Bénédictins fondée, au commencement du VIIe siècle, par saint Calmin.

Il ne reste de cette célèbre abbaye que l'église de style byzantin, à l'exception du chœur qui a été reconstruit au XVe siècle. Les voûtes en plein cintre de la nef s'appuient sur des piliers alternativement carrés et ronds, flanqués de colonnes dont les chapiteaux historiés sont d'un dessin et d'une ciselure rares.

L'église possède plusieurs objets d'un grand prix, notamment une châsse en émail de Limoges, de la fin du XIIIe siècle, renfermant les reliques de saint Calmin et de sainte Namadie, son épouse. Cette châsse, don de Pierre de Villiers, abbé de Mauzac, a 0m,82 de longueur, 0m,25 de largeur et 0m,48 de hauteur. Sur une des faces longitudinales on voit Jésus-Christ et ses apôtres; de l'autre côté existent une suite de tableaux représentant la vie de saint Calmin; les figures de la Vierge et de saint Anstremoine ornent les deux bouts.

Le trésor de l'église possède une autre châsse en bois renfermant les reliques de saint Anstremoine; elle est ornée de peintures représentant le Sauveur et les Apôtres.

On remarque encore dans l'église un Christ byzantin d'un mètre de hauteur, placé sur la porte de la nef, et un autre christ en jupon, coiffé d'une espèce de calote, qui se trouve dans une chapelle, à droite.

Il y a quelque temps, M. Mallay, architecte des monuments historiques du Puy de Dôme, en faisant opérer des restaurations à l'église, découvrit une crypte sous le chœur, dont la porte était bouchée et qui était entièrement pleine de décombres. Il la fit déblayer, et trouva parmi les débris qu'elle contenait deux grands chapiteaux byzantins, sculptés sur toutes les faces et d'un haut style; l'un d'eux surtout, représentant le *Sépulcre* est d'une perfection de dessin et d'un travail de ciselure étonnants : on y voit entre autre une figure de femme admirable pour l'époque où elle a été sculptée. Ces deux chapitaux sont, dans leur genre, d'une beauté hors ligne.

Après avoir passé la petite rivière d'Ambone, on rentre dans la riche plaine de la Limagne, et bientôt on aperçoit sur la droite, dans une anfractuosité de la montagne, les ruines du redoutable château de Tournoël; en avançant vers Clermont, on passe près du château moderne de Mirabelle, précédé d'une jolie pelouse; du haut de la côte de Bourassol on jouit d'une belle vue du Puy de Dôme et des autres cônes volcaniques qui l'entourent; plus loin on fixe un moment ses regards sur le village de Châteauguay, agréablement assis sur une colline; et avant d'arriver à Montferrand, on traverse des terrains couverts de pommiers hauts en branches et peu touffus.

La vue de ces pommiers, à 150 lieues de mon pays, m'a fait tressaillir de joie : ils me rappelaient notre belle Normandie. Je me suis informé ce qu'on faisait des pommes, et ce n'est pas sans surprise que j'ai appris qu'elles étaient vendues à des approvisionneurs de Paris, notamment de Thommery, près de Fontainebleau; j'avais de la peine à croire qu'on aille ainsi chercher en Auvergne des fruits qu'on peut se procurer aux environs de Rouen et dans le pays de Bray, presque aux portes de la capitale; mais on m'a dit que le prix d'achat des pommes était extrêmement minime, qu'on les embarquait sur l'Allier et qu'elles arrivaient à Paris sans frais notables de transport.

Montferrand était autrefois une ville importante et une des plus fortes places de l'Auvergne, défendue par un château, construit à la fin du XIIe siècle, et par de hautes murailles flanquées de tours. Elle soutint plusieurs siéges et s'appelait *Montferrand le Fort*. Sa réunion à Clermont, en 1731, lui a porté un coup fatal. Ses principaux établissements civils et judiciaires ont été transférés à Clermont et à Riom; il ne lui reste aujourd'hui qu'une justice de paix et le grand séminaire diocésain; la plupart des habitants aisés ont établi leur domicile ailleurs; et c'est aujourd'hui une ville pauvre, sale, mal pavée et peu agréable.

Il existait autrefois à Montferrand plusieurs monastères et trois églises ; maintenant il n'y a plus que *Notre-Dame de Délivrande* ou de *Prospérité*, église sans transept, ni bas-côtés, et dont l'intérieur ressemble à un bazar. L'autel principal est décoré d'un bas-relief en demi-bosse, représentant *l'Assomption de la Vierge*, où l'on remarque quelques belles figures. La chaire à prêcher est assez jolie.

Montferrand possède plusieurs maisons anciennes qui méritent d'être visitées.

La distance entre Montferrand et Clermont est de 1,500 mètres. Ces deux villes sont unies par une belle route plantée d'arbres et tracée dans une plaine couverte de riches cultures.

CLERMONT-FERRAND.

Clermont est une grande et belle ville merveilleusement assise sur un monticule circulaire, dans une anse du bassin de la Limagne et au pied des montagnes, dont elle est entourée au nord, au sud et à l'ouest. Les anciennes rues sont étroites, mal pavées et peu régulières ; mais les nouvelles sont larges et bordées de belles maisons construites en lave qui ont un aspect imposant, mais un peu sombre. Les places sont spacieuses et décorées de fontaines. Les promenades publiques, notamment le cours du Sablon, ont de la fraîcheur et de l'attrait.

Lors de la conquête des Gaules par les Romains, Clermont portait le nom d'*Arvernum*, et était la capitale des Arvernes, l'un des peuples les plus belliqueux de la Celtique. Auguste lui accorda le droit de bourgeoisie romaine, la dota de plusieurs institutions d'une haute importance et lui accorda des priviléges qui attirèrent les étrangers dans ses murs; de sorte qu'elle devint bientôt la ville la plus considérable du pays.

La cité gallo-romaine, bâtie au sommet du monticule, était entourée de murs flanqués de hautes tours. Au milieu de cette enceinte s'élevait un château appelé d'abord *Clarus Mons*, puis Clermont, et ce dernier nom s'étendit par la suite à toute la ville. Lorsque Montferrand y fut réuni en 1731, elle prit celui de Clermont-Ferrand sous lequel elle est encore désignée aujourd'hui.

C'est à Clermont que se tint, en 1096, le concile célèbre présidé par le pape Urbain II, où fut décidée la grande Croisade, à laquelle les chevaliers Normands et leur duc Robert Courte-Heuze prirent une si glorieuse part.

Les principaux monuments, établissements publics et curiosités de Clermont-Ferrand sont :

A. *La Cathédrale.* L'église cathédrale actuelle, élevée sur les ruines de trois autres détruites à diverses époques, a été commencée en 1248, et on y a travaillé jusqu'en 1265 ; mais le portail méridional projeté et les deux tours dont il devait être surmonté n'ont pas été construits. Restée ainsi inachevée, elle n'a pas l'aspect imposant qui distingue d'autres édifices du même genre. Toutefois, c'est un monument religieux digne de l'attention de l'archéologue. Son architecture, dans le style du XIIIe siècle, offre des détails intéressants.

Bâtie sur le point culminant de la ville, la cathédrale s'élève majestueusement au-dessus des maisons qui l'environnent. Elle est surmontée d'une tour centrale terminée par une élégante tourelle du haut de laquelle on a une vue splendide. L'édifice a 100 mètres de longueur et 43 de largeur. L'intérieur est vaste et remarquable surtout par les superbes verrières des XIIIe, XVe et XVIe siècles qui décorent les fenêtres du chœur, de la nef et des chapelles.

B. *Notre-Dame du Port.* Cette église est un des plus beaux monuments religieux de style byzantin qui existent non-seulement en Auvergne, mais dans toute la France. Bâtie, suivant Grégoire de Tours, par saint Avit, 18e évêque de Clermont, vers la fin du VIe siècle, elle fut incendiée par les pirates du Nord en 853 et rebâtie peu de temps après par saint Sigon. L'édifice est surmonté de deux tours : l'une, carrée, au-dessus du portail ; l'autre, de forme octogone, terminée par une pyramide, s'élève sur la croisée. Au-dessus de la porte méridionale se trouvent de curieux bas-reliefs. Le chevet et plusieurs autres parties extérieures du monument sont décorés de marqueteries en pierres rouges, noires et blanches, genre d'ornement qu'on remarque dans la plupart des édifices byzantins, et que quelques archéologues désignent sous le nom de mosaïques.

L'intérieur de Notre-Dame du Port n'est pas moins curieux que l'extérieur. Il se compose d'une nef avec bas-côtés, de deux transepts fort peu profonds, et du chœur, autour duquel règne une galerie. Le chœur est élevé de quatre marches au-dessus du pavé de la nef, et la voûte est supportée par deux gros piliers et huit colonnes isolées dont les chapiteaux sont richement sculptés. Toutes les fenêtres basses de l'abside sont décorées de vitraux peints, dans le genre du XIIIe siècle, nouvellement placés.

Au-dessous du chœur existe une crypte ou chapelle souterraine assez vaste où l'on dit habituellement la messe, et qui est ornée de peintures murales toutes modernes.

C. *Chapelle des Carmes Déchaux*. Cette chapelle de l'ancien couvent des Carmes déchaux, située près du cimetière, est une coupole à quatre pans dont l'autel est formé d'un magnifique sarcophage antique, en marbre blanc, décoré sur les trois faces apparentes de bas-reliefs dont les sujets représentent des personnages de l'ancien et du nouveau Testament.

D. *Hôtel de Ville*. L'Hôtel de Ville, auquel tiennent le palais de justice et la maison d'arrêt, est une construction toute moderne dont la façade est assez belle. La grande salle de la mairie est spacieuse et bien éclairée.

E. *Bibliothèque publique*. La bibliothèque de la ville est établie dans un des bâtiments des *Pères de la Charité*, construits en 1750. Elle renferme près de 20,000 volumes et un grand nombre de manuscrits, et est décorée d'une belle statue en marbre blanc de Pascal, par Ramey, d'un buste de Delille, par

Flatters, et des portraits de plusieurs hommes célèbres de l'Auvergne. La salle est vaste, et les livres sont parfaitement rangés sur leurs rayons. Cet établissement, sous l'habile direction de M. Desbouis, bibliothécaire, est en grande voie de prospérité.

Au bout de la bibliothèque se trouve un cabinet d'histoire naturelle renfermant une belle collection minéralogique, une suite de roches de l'Auvergne et un herbier déjà fort nombreux. Notre savant confrère M. Le Coq est le conservateur de ce cabinet, qu'il a en partie formé et notablement enrichi.

On vient d'établir dans les mêmes bâtiments, sous la direction de M. Bouillet, un musée d'antiquités.

F. *Jardin des Plantes.* Le jardin botanique est attenant à la bibliothèque publique et renferme une belle serre dans laquelle existe un bassin avec jet d'eau.

G. *Académie.* Outre les utiles établissements publics dont je viens de parler, Clermont possède une Académie des Sciences, Belles-Lettres et Arts, formée en 1747, qui publie ses intéressants travaux dans les *Annales de l'Auvergne*, que vous recevez, Messieurs, en échange de vos *Mémoires*.

H. *Fontaines publiques.* Il y a peu de villes qui renferment autant de fontaines publiques que Clermont. La plus remarquable est celle de la place Delille, élevée au commencement du XVIe siècle par Jacques d'Amboise, 85e évêque, sur la place de l'évêché, et qui a été transportée, il y a 50 ans, où on la voit aujourd'hui. Cette fontaine est une des plus belles qui existent en France. Elle est construite en lave de Volvic, dans les styles ogival et de la renaissance, qui s'y trouvent heureusement mélangés, et se compose d'un bassin circulaire de 8 mètres de diamètre et d'une pyramide à trois étages, décorée de mascarons, de pilastres, de colonnettes, de cariatides, de figurines et terminée par la statue d'un homme sauvage portant l'écusson de la famille d'Amboise. La hauteur totale du monument est de 7[m],33. L'eau sort d'une vingtaine de jets et retombe en nappes brillantes dans le bassin.

On remarque encore la fontaine élevée en l'honneur du général Desaix, à l'extrémité de la rue Ballainvilliers, et qui est ornée d'une haute pyramide surmontée d'une urne funéraire.

I. *Pont et Fontaine de Saint-Allyre*. La fameuse fontaine de Saint-Allyre, si connue pour la vertu incrustante de ses eaux, se trouve dans le faubourg de ce nom, au nord-ouest de la ville. La température de l'eau est de 24°. centigrades; elle est limpide et a une saveur aigrelette assez prononcée. Cette eau a été analysée par un grand nombre de chimistes, notamment par le savant Vauquelin, notre illustre concitoyen : elle contient de l'acide carbonique, des carbonates de chaux, de magnésie et de soude, du muriate de soude, de l'oxide de fer, des traces de sulfate de soude et des matières bitumineuses.

La principale source, celle dont les eaux ont le plus de vertu, a été divisée en deux branches : l'une alimente un établissement de bains; l'autre fournit de l'eau aux personnes affectées de diverses maladies qui en font usage comme remède curatif; une partie de cette dernière branche est dérivée dans un cabinet en planches où l'eau tombe, sous forme de pluie fine, sur des objets qu'on veut incruster, principalement des nids d'oiseaux, des corbeilles de fleurs et de fruits, des médailles, etc. Dans un espace de temps qui varie de deux jours à six semaines, tout ce qu'on expose ainsi à l'action incrustante des eaux se recouvre d'une concrétion calcaire, dure comme de la pierre, qui se dépose sans altérer les formes des objets.

Les eaux de Saint-Allyre tiennent en dissolution tant de matières incrustantes qu'elles ont formé, près de l'établissement des bains, un pont naturel, connu sous le nom de *Pont de Pierre*, sous lequel passe le ruisseau de Tiretaine. Ce pont, qui a 80 mètres de longueur, excite depuis longtemps l'attention des naturalistes et des voyageurs.

J'ai trouvé à Clermont nos honorables concitoyens MM. de Caumont, Frédéric de Cussy et plusieurs autres antiquaires et naturalistes normands, réunis en Congrès de l'Institut des Provinces et de la Société pour la conservation des monuments historiques, et j'ai fait avec eux et d'autres savants, tant étrangers que de la localité, des excursions très-agréables et fort intéressantes.

ENVIRONS DE CLERMONT.

Les environs de Clermont sont extrêmement curieux. Mais ce qui frappe particulièrement le voyageur, ce sont les volcans éteints dont la ville est presque entourée.

Puy de Dôme et Volcan de Pariou.

Le Puy de Dôme a été le théâtre d'un grand nombre d'observations scientifiques, notamment de la célèbre expérience de Pascal sur la pesanteur de l'air, l'une des bases de la physique.

Tous les étrangers qui voyagent en Auvergne entreprennent ordinairement l'ascension du Puy de Dôme. Mais pour rendre leur course plus attrayante et plus fructueuse, les naturalistes doivent visiter, en y allant, le volcan de Pariou, si connu dans le monde savant. Ils peuvent se faire conduire en voiture jusqu'à la *Fontaine du Berger*, à environ 8 kilomètres de Clermont. La route, tracée dans la montagne, est difficile, mais fort pittoresque. Au grand tournant de la Barraque, on visite avec intérêt une belle carrière ouverte dans le basalte ; plus loin, on voit plusieurs coulées de laves qu'on peut étudier et plusieurs cônes volcaniques très-curieux.

A la fontaine du Berger, où se trouve une auberge assez bien tenue pour la localité, on quitte la route de Limoges, qu'on a suivie depuis Clermont, pour prendre, à gauche, un sentier pratiqué dans la bruyère ; on passe à travers une coulée de lave qui a conservé sa forme rugueuse et ses aspérités comme si elle était nouvellement sortie des entrailles de la terre ; bientôt on commence à gravir le Pariou, dont les flancs sont couverts de verdure ; et après avoir fait une station et des observations sur un premier cratère dans lequel est venu se former celui qu'on va visiter, on se remet en marche, et on arrive au sommet du volcan sans trop de fatigue.

Le cratère du Pariou, qui passe pour être le plus régulier de l'Europe, a un diamètre de 310 mètres et une profondeur de 93 : sa hauteur au point le plus élevé est de 1,215 mètres au-dessus du niveau de la mer. Ses bords sont un peu inégaux, mais il n'y a pas de différence sensible. Le sol n'a nullement l'aridité qu'on remarque ordinairement sur les montagnes ; il est couvert de bruyère, d'herbe émaillée de fleurs et assez profond pour que les taupes puissent le fouiller depuis la base jusqu'au sommet du volcan ; les vaches paissent non-seulement sur les flancs de ce volcan, mais jusque dans l'intérieur et au fond du cratère.

La vue de cette admirable coupe de verdure excite vivement l'attention du géologue. Il réfléchit sur les causes qui ont produit ce phénomène et les protubérances de l'écorce terrestre dont il a tant d'exemples sous les yeux ; ses idées s'agrandissent et se sanctifient pour ainsi dire ; et c'est à regret qu'il quitte ce lieu séduisant pour aller faire de nouvelles observations sur un point plus élevé encore qui se dresse majestueusement devant lui.

Après avoir quitté le Pariou, on descend le long de ses flancs d'un autre côté que celui par lequel on y est monté, on traverse une gorge qui le sépare du Puy de Dôme, et on commence l'ascension de cette montagne. Arrivé au *Nid de la Poule*, cratère assez régulier d'où est sortie une masse considérable de scories, on prend un moment de repos ; et bientôt on se remet en marche vers le sommet du volcan, où l'on parvient sans difficultés, mais non sans fatigue.

La partie supérieure du Puy de Dôme n'offre pas, comme celle du Pariou, un cratère ouvert ; elle est formée d'un plateau irrégulier dont le plus grand diamètre a environ 350 mètres. Du côté méridional on remarque les ruines d'une ancienne chapelle dédiée à saint Barnabé. D'après Florimond de Ræmond, conseiller au parlement de Bordeaux à la fin du XVIe siècle, c'était dans cette chapelle que se tenait le chapitre général des sorciers. Les sorciers et les sorcières s'y rendaient au nombre de soixante, et chacun d'eux y siégeait tenant à la main une chandelle de cire noire allumée à un flambeau qui brillait entre les cornes d'un bouc, forme que prenait le diable pour présider ces réunions fantastiques. On y dansait des rondes le dos tourné ; une messe dérisoire et sacrilége était dite ; et l'officiant, couvert d'une chappe de couleur lugubre, consacrait une hostie profane. Ces sorciers et ces démons se rendant au sabbat sur le sommet du volcan au milieu des brouillards épais dont il est souvent entouré ou des nuages orageux qui éclatent sur sa tête superbe ; leurs figures bizarres ; les cérémonies sacriléges auxquels ils se livraient : tout se réunissait pour agir vivement sur l'esprit crédule du peuple au moyen âge, et donner à ces légendes un caractère de certitude qui a passé d'âge en âge jusqu'à la fin du XVIIIe siècle.

Du sommet du Puy de Dôme, élevé de 1,468[m],68 au-dessus du niveau de la mer, un des plus beaux panoramas du monde frappe les yeux ravis de l'observateur. Les villes et les campagnes formant le fond du tableau se dessinent mal et se confondent trop avec la surface du sol ; mais les derniers plans sont d'une grandeur, d'une variété, d'une magnificence extrêmes. Au nord se déroulent les plaines et les côteaux du Bourbonnais ; à l'est s'étend le vaste bassin de la Limagne derrière lequel les montagnes du Forez forment un rideau gigantesque ; au sud s'élève graduellement jusqu'au pic de Sancy la chaîne trachytique et basaltique du Mont-Dore; à l'ouest apparaissent dans le lointain les montagnes ondulées de la Marche et les plaines du Limousin. Sur des points plus rapprochés la vue embrasse les nombreux cônes volcaniques de la chaîne du Puy de Dôme, le château de Tournoël, le plateau de Gergovia, Clermont et une infinité de villages groupés autour de leurs églises. L'ensemble du tableau est admirable et frappe vivement l'imagination.

Gergovia.

Bien que la conquête des Gaules par les Romains ait eu la plus haute influence sur la civilisation et la richesse de ce beau pays, un sentiment de patriotisme se révèle toujours en nous au souvenir des efforts que firent nos ancêtres pour résister à l'invasion ; et il n'existe guère de localités, temoins de ces luttes mémorables, plus célèbres que la montagne de Gergovia, où César éprouva un si grave échec qu'il n'a pu le passer sous silence dans ses *Commentaires*.

Lancelot, dans une dissertation, insérée en 1725, dans les Mémoires de l'Académie des Inscriptions, avait, contrairement à l'opinion de tous les historiens et aux témoignages de la tradition, contesté l'application à la montagne de Gergovia du lieu désigné dans le livre VII des *Commentaires* ; mais la description que César a faite de cette place, l'une des plus fortes des Gaules, ne peut laisser aucun doute à cet égard. D'ailleurs tous les hommes de guerre qui ont étudié les lieux ont parfaitement reconnu les positions indiquées par le général romain.

Comme la plupart des étrangers qui visitent l'Auvergne, j'ai fait mon pélerinage à Gergovia. On s'y rend par deux voies différentes : par la route d'Issoire et par Romagnat. C'est cette dernière que j'ai suivie. Près de Beaumont, gros village dont l'église est ancienne et où existait, avant la révolution de 1789, une abbaye de religieuses de l'ordre de St.-Benoist, fondée en 665, j'ai vu une belle coulée de lave sortie du volcan de Gravenoire, qui domine la plaine, à droite. En gravissant la montagne de Gergovia, au-dessus de Romagnat, j'ai remarqué qu'elle est composée de calcaire d'eau douce, sur lequel s'est épanchée une coulée de basalte. Cette montagne, escarpée de tous côtés, est terminée par un plateau de 15 à 1,600 mètres de longueur de l'est à l'ouest et d'environ 600 mètres de largeur, formant un quadrilatère dont les angles sont un peu arrondis.

Il n'existe plus sur le plateau de Gergovia aucunes traces d'habitation, mais on distingue encore quelques vestiges de retranchements, surtout du côté méridional. Ce plateau est maintenant cultivé, et les parcelles sont divisées par des clôtures en pierres sèches, composées de roches de basalte prises à la surface du sol. Des fouilles faites à diverses époques et les travaux de défrichement du terrain ont mis à découvert des fondations d'édifices, des fragments de marbre, de bronze et de fer, des morceaux de poterie en terre rouge, des médailles, etc.

En examinant attentivement les lieux, je n'ai pu admettre l'opinion de quelques historiens qui donnent à Gergovia le titre de ville gauloise ; car l'eau, élément indispensable à toute agglomération d'habitants, y manquait, et les abords de la place étaient beaucoup trop difficiles ; d'ailleurs si Clermont était alors une cité populeuse et la capitale des Arvernes, il est peu probable que deux villes importantes existassent à si peu de distance l'une de l'autre. Lorsque, à l'apparition des Romains dans le pays, Vercingétorix, chef des Gaulois, donna l'ordre de brûler les villes et les villages, de tout détruire sur le passage des envahisseurs, afin de leur couper les vivres, il est probable que les populations effrayées, fuyant devant l'ennemi, cherchèrent un lieu de refuge sûr pour se mettre à l'abri des insultes des vainqueurs, que le plateau de Gergovia, par son étendue et sa position au sommet d'une montagne escarpée, où existait déjà peut-être un *oppidum*, leur parut parfaitement située pour leur en servir, qu'ils se mirent tous à l'œuvre avec le courage qu'inspire la présence d'un grand danger, et qu'ils ne tardèrent pas à joindre aux retranchements naturels des travaux de défense contre lesquels vint se briser la bravoure des Romains. En émettant ces idées, je ne prétends nullement les présenter comme un fait matériel qui doit être reconnu par les observateurs judicieux, c'est une opinion que j'énonce sur un point historique encore obscur, et rien de plus.

Du plateau de Gergovia la vue embrasse : au nord, les gros

villages de Beaumont et d'Aubière, surmontés de leurs clochers, la ville de Clermont, dont les tours et les toits brillent au soleil, et, plus loin, des coteaux bombés couverts de vignobles émaillés de petites maisonnettes blanches; à l'est, la route d'Issoire qui contourne la montagne, le *Camp de César*, à Gondole, les cours de l'Auzon et de l'Allier et les plaines de la Limagne, bornées par les montagnes du Forez; au sud, le village de Merdogne, le *Camp de Corrent*, sur un mamelon, et la chaîne du Mont-Dore, qui fuit dans le lointain; à l'ouest, au pied de la montagne, le village de Romagnat, avec son château à demi-caché dans les arbres, le Mont-Rognon, dike basaltique surmonté des ruines pittoresques d'une forteresse féodale bâtie à la fin du XIIe siècle, et quantité de cônes volcaniques dominés par le Puy de Dôme.

Royat.

Un des lieux les plus remarquables des environs de Clermont et un de ceux que les étrangers visitent avec le plus d'intérêt est Royat, dont la vallée, les cascades et les grottes jouissent d'une grande réputation. Des voitures publiques, qui stationnent sur la place de Jaude, à Clermont, conduisent, en moins de vingt minutes, les promeneurs à Saint-Mart, où existe un établissement de bains d'eau chaude naturelle dont la température est de 26°. centigrades. Cette eau contient du muriate et du sulfate de soude, des carbonates de chaux et de magnésie, de la silice, de l'oxide de fer et de l'acide carbonique; elle est douce au toucher, mais elle a un goût asssez désagréable.

A Saint-Mart, la vallée se rétrécit et devient fort agreste. En suivant cette vallée, le long d'un torrent dont les eaux coulent avec bruit dans un lit hérissé de rochers, on arrive aux grottes et aux cascades, qui ont excité bien des fois l'imagination des artistes et des poëtes. La grotte principale dite *du Lavoir*, est creusée au contact du granite et des dépôts volcaniques, et est surmontée d'un rocher de basalte de plus de 20 mètres de hauteur, dans les fissures duquel des arbres, des arbustes, des plantes rampantes ont pris racine et contribuent puissamment à former un tableau féerique, enchanteur. A peu de distance de là existe une autre grotte fermée d'où sont dérivées les eaux qui alimentent les fontaines de Clermont. Ce vallon romantique est dominé par le Puy de Chateix, montagne formée d'arkose, dont les flancs sont couverts de quelques vignobles.

L'église de Royat est assez curieuse, et plusieurs parties sont romanes ; il existe sous le chœur une crypte ou chapelle souterraine qui paraît antérieure au XIe siècle.

Devant le portail de l'église se trouve une belle croix gothique en pierre décorée de bas-reliefs représentant les douze Apôtres.

Château de Tournoël.

Dans une anfractuosité de la montagne qui domine, à gauche, la route de Clermont à Riom s'élèvent fièrement les ruines du Château de Tournoël, l'une des plus redoutables forteresses de l'Auvergne au moyen âge. Les parties les plus anciennes paraissent remonter au XIe ou au XIIe siècle.

Ce château, qui appartenait aux comtes d'Auvergne, soutint, en 1209, un siége fameux contre les troupes de Philippe-Auguste et ne se rendit qu'en 1213, après une défense de plus de trois ans. Devenu la propriété des seigneurs d'Apchon dans la dernière moitié du XVIe siècle, il fut assiégé plusieurs fois par les Ligueurs qui le prirent, le pillèrent et le brûlèrent en 1594.

Il reste encore de ce château formidable le donjon et quelques tours démantelées. Plusieurs parties de l'intérieur sont assez bien conservées ; les portes, avec leurs meurtrières et machecoulis, ont conservé leur appareil guerrier.

Du donjon, qui semble dominer tous les châteaux de la Basse-Auvergne, on a une vue remarquable sur les montagnes et les plaines de la Limagne.

Ennezat.

Entre Clermont et Riom, à une certaine distance dans la plaine, à droite, se trouve le bourg d'Ennezat, dont l'église, de style romano-bysantin, est fort curieuse. Cette église remonte au xe ou au xie siècle, à l'exception du chœur qui est plus moderne. Les chapiteaux des colonnes qui soutiennent la voûte de la nef sont parfaitement sculptés : quelques-uns sont composés de têtes d'anges fort gracieuses.

Il existe dans l'église d'Ennezat deux belles fresques du xve siècle. La première se trouve sur un des murs latéraux à gauche du chœur ; elle est divisée en deux panneaux : le tableau supérieur représente une danse macabre ou la personnification du *Dict des trois Vifs et des trois Morts ;* le compartiment inférieur figure un *ex-voto*, c'est-à-dire des personnages à genoux devant une image de la Vierge.

La deuxième fresque est peinte sur le mur de clôture du chœur, à droite. Elle est également divisée en deux tableaux représentant : l'un le Jugement dernier ; l'autre un ange regardant le corps inanimé d'un homme sur lequel il jette un regard de sympathie et de regret.

D'importants travaux de restauration sont exécutés à l'église d'Ennezat sous l'habile direction de M. Mallay.

Pressé par le temps, je n'ai pu visiter toutes les localités intéressantes de la Basse-Auvergne, ni faire une excursion au Mont-Dore. Après avoir exploré pendant cinq jours Clermont, Riom et les environs de ces deux villes, je me suis dirigé sur Lyon.

DE CLERMONT A THIERS.

La route de Lyon entre Clermont et Lezoux, est tracée dans la plaine de la Limagne, l'une des plus fécondes de la France et peut-être de l'Europe. Cette merveilleuse plaine, qui a 60 kilom de longueur et une largeur de 35 à 40, est encadrée dans de hautes montagnes et sillonnée de cours d'eau, dont le principal, l'Allier, l'arrose sur une étendue considérable. Il existe à sa surface un grand nombre de cônes volcaniques et de dikes basaltiques qui l'animent singulièrement.

Le sol végétal repose sur un calcaire d'eau douce appartenant au groupe tertiaire et a depuis $0^m,50$ jusqu'à 4 et 5 mètres de profondeur; il est noir comme du terreau et d'une si grande fertilité qu'on a fait, sur certains points, cinq à six récoltes successives de blé sans engrais. Formé au fond d'un lac dont les eaux se sont écoulées antérieurement aux temps historiques, il se compose principalement de dépôts limoneux et du détritus des plantes qui croissaient en abondance dans ce lac et sur ses bords.

Les coteaux de la Limagne sont couverts de vignes très-vigoureuses qui s'élèvent au-dessus de leurs échalas et s'étendent en forme de treilles le long de petites gaules placées horizontalement. On voit de belles récoltes de céréales au milieu des coulées de lave, à une grande hauteur, et on trouve jusqu'au sommet des montagnes un sol profond et couvert d'une végétation puissante. Ces montagnes seraient susceptibles de se couvrir promptement de bois si elles étaient soustraites aux ravages de la vaine pâture.

Au milieu de cette terre de promission, les cultivateurs sont, en général, pauvres et mal nourris; et il est facile d'en reconnaître les causes en visitant le pays. Les instruments aratoires et les attelages sont semblables à ceux dont se servaient les anciens Arvernes ou en diffèrent peu. La charrue consiste en une perche ou morceau de bois arrondi, sans manche ni avant-train, au bout duquel est fixé un soc; à cet araire barbare on attelle deux bœufs ou deux vaches qui marchent avec une lenteur extrême et font en trois jours de travail ce que deux chevaux feraient mieux en dix heures. Les charrettes, également conduites par des bœufs et des vaches, sont en rapport avec la charrue : il est impossible de voir des véhicules plus imparfaits et d'une construction plus grossière.

Non-seulement les fermes sont mal outillées, mais le nombre des bestiaux qu'elles renferment est bien inférieur à celui qu'elles pourraient nourrir. Puis les principaux produits du sol sont les céréales et les pommes de terre. Le froment, surtout celui que nous appelons *blé gris* et plus communément *gros blé*, et qui nous est venu, dit-on, de la Limagne, y a des proportions colossales ; l'orge y atteint une hauteur de 1^{m},50. Dans les années où le blé est cher, le cultivateur fait de l'argent ; mais lorsque les céréales sont à bas prix, il ne peut payer ses fermages et est obligé de recourir à l'usurier qui le ruine.

Dans un pays où le sol est si fertile qu'il suffit de le remuer et d'y jeter de la semence pour qu'il se couvre d'excellentes récoltes, tous les cultivateurs devraient être riches. Ils pourraient sinon le devenir au moins améliorer sensiblement leur position. Mais il faudrait qu'ils reformassent entièrement leurs instruments de travail ; qu'ils changeassent leurs assolements et y fissent entrer largement la culture des plantes textiles et tinctoriales et des graines oléagineuses ; qu'il augmentassent le nombre de leurs bestiaux et s'ouvrissent des débouchés pour l'écoulement de leurs denrées, dont la plupart sont à vil prix. Déjà on fait du chanvre sur plusieurs points, mais en trop petite quantité.

De Clermont à Pont du Château, la route est superbe et bordée de beaux noyers. On remarque à droite, quelques cônes volcaniques plantés de vignes, et à gauche le village de Gerzat avec ses toits de briques.

Pont du Château est une petite ville située sur la rive gauche de l'Allier, que l'on y passe sur un beau pont de 230 mètres de longueur. C'était autrefois une place forte, défendue par un château bâti sur les bords de la rivière ; c'est aujourd'hui un port d'embarquement des produits du pays, d'où il part chaque année plus de 300 bateaux pour Paris et autres lieux. L'église, dédiée à sainte Martine, est de transition et assez curieuse.

Au delà de l'Allier, et jusqu'à Lezoux, la route continue à être facile et agréable. On remarque, à gauche, un village sur une éminence isolée dans la plaine.

Lezoux est une petite ville, assez bien bâtie, dominée par son église dont la tour a été nouvellement reconstruite.

A Lezoux, le sol change de nature et d'aspect : il devient boisé, de médiocre qualité et la vigne disparaît, au moins sur les bords de la route. On passe la Dore sur un pont de pierre, on gravit une côte assez longue, et on descend ensuite jusqu'à Thiers, sur une longueur de plus de 4 kilomètres.

THIERS.

La ville de Thiers, chef-lieu d'un des arrondissements du Puy de Dôme, est bâtie en amphithéâtre sur le penchant d'une haute colline formant les premiers gradins de la chaîne du Forez. Vue de loin et éclairée par un beau soleil couchant, tandis que des nuages s'élèvent au-dessus de sa tête et enveloppent d'un réseau de gaze les rochers abruptes qui la dominent, elle forme un tableau grandiose que l'art est impuissant à reproduire.

Thiers est une ville ancienne qui s'appelait *Thigernum* lorsque Thierry ravagea l'Auvergne en 525. Les soldats de ce roi mirent le feu au château et détruisirent les maisons qui l'entouraient. Elle reçut ensuite le nom de Thiern, puis celui de Thiers. Ses rues sont étroites, tortueuses, fort en pente ; et les maisons, étagées les unes au-dessus des autres, sont généralement basses et peu élégantes.

Les églises Saint-Genès et Saint-Jean, la première en partie romane et la seconde de style ogival, sont bâties dans de belles positions et offrent quelque intérêt sous le rapport archéologique. Mais ce ne sont pas les ouvrages des hommes qui excitent, à Thiers, l'attention du voyageur, ce sont les merveilles de la nature. Il est difficile de voir une ville située dans une position aussi pittoresque et plus curieuse. Elle est dominée au nord et à l'est par des montagnes taillées à pic, au milieu desquelles la Durole, petite rivière resserrée dans une gorge étroite et profonde, coule avec bruit. Près de l'église Saint-Jean, bâtie sur un plateau au-dessus du cours de ce torrent, se trouvent le *Trou d'Enfer* et les *Cascades de Thiers*, si connues dans le monde artistique par les nombreux dessins qui en ont été faits. En plusieurs endroits on remarque des maisons pour ainsi dire suspendues aux rochers comme des nids d'aigle.

Du haut des tours des églises et du vieux château, une scène admirable se déroule sous les yeux de l'observateur. Derrière la ville il voit des coteaux couverts de vignobles, tandis que de l'autre côté s'élèvent majestueusement des rochers nuds et découpés ; plus près, sa vue plane sur une forêt de maisons, sur des usines pittoresques d'où les eaux de la Durole s'échappent en cascades ; au loin, il contemple avec un vif sentiment de satisfaction les riches plaines du Bourbonnais et de l'Auvergne et les hautes chaînes du Puy de Dôme et du Mont-Dore qui se confondent avec les couleurs sombres des nuages : c'est un des tableaux les plus animés et les plus splendides qui existent en France.

Les habitants de Thiers sont extrêmement laborieux et industrieux. Il existe dans la ville de nombreux ateliers de coutellerie et beaucoup de fabriques de papier.

DE THIERS A MONTBRISON.

En sortant de Thiers, on voit, sur un rocher, au-dessous de la route, une petite chapelle dédiée à saint Roch, où l'on va prier, dans les temps de grande sécheresse, pour demander de la pluie. Un peu plus loin, on jouit de toute la beauté des montagnes, qui se développent avec un caractère grave, majestueux, imposant. A droite se trouvent des précipices profonds au pied desquels la Durole roule ses eaux blanches d'écume ; et au-dessus de la rivière se dresse, comme un mur gigantesque, la montagne de granite couronnée de quelques arbres et de taillis clair-semés. A gauche de la route s'élève une autre montagne dont les rochers semblent suspendus sur la tête du voyageur.

A 4 kilomètres au delà de Thiers, les montagnes deviennent moins abruptes ; mais on continue à monter jusqu'au point culminant de la haute chaîne du Forez, qu'on atteint après avoir gravi une côte de cinq lieues de longueur.

Noirétable, bourg de 1,800 habitants, est un chef-lieu de canton du département de la Loire, situé sur l'autre versant des montagnes, et le premier centre de population un peu important qu'on trouve sur la route après Thiers. De là on descend jusqu'à Boën, petite ville bâtie sur la rive gauche du Lignon.

Honoré d'Urfé a rendu le Lignon célèbre, dans le XVIIe siècle, en plaçant les scènes de son roman de l'*Astrée* sur les bords agrestes de cette petite rivière ; mais la célébrité dont elle jouit n'existe plus que dans quelques souvenirs, et le voyageur indifférent ne se doute guère en la traversant que son nom fut pendant plusieurs années dans toutes les bouches ; il ignore même jusqu'au titre de l'ouvrage qui passionna si fort les esprits il y a deux cents ans.

Après avoir traversé le Lignon sur un pont de pierre, on entre dans les vastes plaines du Forez, dont le sol superficiel est formé d'alluvions granitiques. Les terres arables paraissent être de médiocre qualité et les récoltes ne sont pas excellentes. Les cultures les plus communes sont le froment, le seigle, les pommes de terre et le trèfle ; il s'y trouve aussi un peu de colza ; mais il a une très-maigre apparence. On traverse cette plaine jusqu'à Montbrison, sur une longueur de 18 kilomètres, sans que rien de bien saillant vienne en rompre la monotonie.

MONTBRISON.

Montbrison est une ville de 6,000 âmes seulement, qui doit à sa position centrale l'avantage d'être le chef-lieu du département de la Loire. Longtemps elle ne fut qu'un bourg ou village. C'est à Guy IV, comte du Forez, qui affranchit les habitants en 1223 et y jeta, deux ans plus tard, les fondements d'une église, hors l'enceinte fortifiée, qu'elle doit principalement sa prospérité.

La ville est construite autour d'une éminence ou relèvement du sol sur lequel était bâti le château des comtes du Forez. Ce château a été détruit, et il existe à la place un calvaire, qui forme un contraste frappant avec la forteresse féodale qu'il a remplacée. Bâtie dans une vaste plaine, sur la petite rivière de Vésezy, cette ville n'a rien de remarquable que son église et ses boulevards, plantés à l'emplacement des anciennes fortifications. L'hôtel de ville est une construction plus que mesquine : on en voit dans beaucoup de bourgs qui ont un caractère plus monumental. La rue Tupinerie est large et assez bien bâtie, mais la plupart des autres sont étroites et bordées de maisons basses et de peu d'apparence.

L'église de Montbrison est un assez bel édifice entièrement isolé sur une petite place. Le style de l'architecture annonce qu'elle a été commencée au XIIIe siècle et terminée seulement au XVe. La façade principale, qui date de 1443, se compose d'un portail surmonté de deux tours carrées sans flèches. Le tympan du porche est décoré d'une image de la Vierge. La nef, flanquée de bas-côtés, est la partie la plus ancienne et paraît remonter à l'époque de la fondation de l'édifice. On remarque principalement à l'intérieur quelques fenêtres ornées de vitraux peints et le support de l'orgue, bel ouvrage de la sculpture du XVe siècle.

DE MONTBRISON A LYON.

En allant de Montbrison à la station de Montrond, où l'on prend le chemin de fer de Roanne à Saint-Etienne et à Lyon, on traverse une plaine alluviale, unie, marécageuse, dont quelques parties sont assez bien cultivées ; on voit à Montrond les restes d'un château fort du moyen âge, et on passe la Loire au delà de ce village sur un pont à péage. La route, sur une longueur de 16 kilom., est droite et sans différence sensible de niveau, ce qui avait permis d'établir sur un de ses accotements, entre Montbrison et Montrond, une voie ferrée desservie par des wagons remorqués par des chevaux ; mais ayant été mal entretenus, les rails se sont usés et dérangés; le chemin est devenu difficile, peu sûr et l'administration l'a mis en interdit. Maintenant le service du transport des voyageurs est fait par de grands omnibus qui suivent la chaussée d'empierrement.

A la sortie de la station du Montrond, le chemin de fer de Saint-Etienne suit d'abord les confins de la plaine du Forez. Le sol est marécageux et excessivement mauvais. On voit, à gauche, la petite ville de Saint-Galmier, située sur le penchant d'un côteau, près de la rive droite de la Coize. Cette ville, qui remonte à une haute antiquité, est désignée sur la carte de Peutinger sous le nom d'*Aquœ Segetœ* ; elle possède dans un de ses faubourgs une source d'eau minérale, qui était connue dès l'époque gallo-romaine et dont l'usage est recommandé pour la guérison des affections des reins, des voies urinaires et des maladies catarrhales chroniques.

Après avoir dépassé les stations de Veauches et de Saint-Bonnet, très-rapprochées l'une de l'autre, on s'aperçoit que le terrain devient un peu meilleur, et on remarque beaucoup de prairies. La campagne est parsemée de villages et de châteaux qui animent le paysage.

En quittant la station de la Renardière, le train longe, sur une levée, une petite rivière qui cache ses eaux dans un berceau d'arbres et de verdure ; il descend ensuite une pente assez rapide, s'engage dans une gorge étroite, entre des coteaux couverts de bois, décrit des courbes très-courtes et fort nombreuses, s'arrête un instant à la station de Fouilloux, située dans la vallée qu'il vient de parcourir en suivant ses contours, et arrive à la gare de Saint-Etienne, établie au nord de la ville.

Saint-Etienne est bâti sur le ruisseau de Furens, dans une vallée peu profonde. Longtemps ce ne fut qu'un bourg portant le même nom que le cours d'eau sur les bords duquel il s'élevait.

Au XIe siècle, une église y fut bâtie et dédiée à Saint-Etienne. Le lieu acquit de l'importance ; il prit le nom du patron de son église et le titre de ville, et depuis ce temps il a continué à s'agrandir. Mais ce qui a hâté son accroissement et en a fait une des cités les plus industrieuses de France, c'est son riche bassin houiller et l'emploi du charbon de terre dans les arts mécaniques.

En 1804, Saint-Etienne ne comptait que 25,000 habitants, et il en renferme aujourd'hui 60,000. Il est impossible de voir plus de mouvement qu'on en remarque dans la ville et ses environs. Elle possède une fabrique de rubans qui est sans rivales et dont le produit s'élève annuellement à 30 ou 40,000,000 de francs ; il y existe aussi des manufactures importantes d'armes à feu, et on y confectionne en grand la quincaillerie, la serrurerie, les limes, etc.

L'ancienne ville ne renferme rien d'intéressant que l'église bâtie au XIe siècle ; mais la nouvelle se distingue par la beauté de ses constructions, l'étendue de ses places et la largeur de ses rues. La vallée étant trop étroite pour contenir toutes les habitations, on les voit s'élever sur les flancs des coteaux voisins qu'elles couvriront bientôt si le flot de la population continue à monter.

En sortant de la gare de Saint-Etienne, le rail-way de Lyon traverse une assez belle prairie et pénètre dans le bassin houiller, sillonné de fosses, coupé de chemins de fer et couvert de wagons traînés par des chevaux. A la station de Terre-Noire, on s'arrête pour disposer le train à descendre, sur un plan incliné, une pente très-forte. Les alentours de cette station sont extrêmement remarquables par le mouvement qui y existe et le nombre prodigieux de cheminées de mines et de fourneaux qui s'élèvent de toute part jusque sur le sommet des collines.

Le plan incliné étant franchi, la locomotive est replacée en tête du convoi, qui s'enfonce aussitôt sous un long tunnel, reparaît au jour, disparaît de nouveau dans un souterrain de peu d'étendue et ne tarde pas à arriver à Saint-Chamond.

Saint-Chamond, chef-lieu de canton, est une ville de 8,000 habitants, avantageusement située, au confluent du Gier et du Janon, dans une vallée couverte de vergers et de jardins et dont les bords sont tapissés de vignobles. Elle renferme de jolies habitations, une assez belle église et une promenade agréable.

L'origine de Saint-Chamond est attribuée à saint Ennemond, archevêque de Lyon, qui y fit bâtir une église vers l'an 640. On remarque sur le flanc de la montagne qui domine la ville les restes d'un château féodal.

C'est principalement à l'industrie que Saint-Chamond doit sa prospérité. Il y existe de nombreuses fabriques de rubans, de galons et de lacets, des manufactures de clous et des ateliers pour le moulinage de la soie.

Après avoir quitté Saint-Chamond, on passe successivement sous deux petits tunnels, et on traverse ensuite un pays très-accidenté et fort pittoresque ; un peu au delà de la station de Grand-Croix on entre dans le département du Rhône, et on ne tarde pas à arriver à Rive de Gier.

Au commencement du XIXe siècle, Rive de Gier n'était qu'un bourg de moins de 4,000 âmes ; mais depuis 1815 il est devenu une ville de 15,000 habitants, qui prend tous les jours de l'accroissement. C'était autrefois une place entourée de murailles et de fossés, défendue par un château fort dont il reste encore des ruines ; aujourd'hui c'est une ville industrielle, point extrême du canal de Givors et le centre d'une exploitation considérable de houille. Elle renferme de nombreuses forges et fonderies, des ateliers de construction de machines à vapeur, des fabriques d'acier, de limes, de quincaillerie, etc. Loin de décroître par suite de l'établissement de ces nouvelles industries, ses anciennes verreries ont pris de l'extension : les produits sont non-seulement beaucoup plus considérables, mais ils ont éprouvé de notables perfectionnements.

Ce grand mouvement industriel a complétement changé l'aspect de la ville. Les quais sont bordés de magasins devant lesquels existe, sur une belle chaussée, un rideau de peupliers ; à l'extrémité du bassin s'élève l'hôtel de la compagnie du canal de Givors, décoré d'une vaste façade ; plusieurs ponts ont été jetés sur le Gier, qui traverse la ville ; des fontaines publiques, des marchés ont été établis ; l'église a été reconstruite : tout s'est transformé ou a pris une physionomie nouvelle.

Les alentours de Rive de Gier sont aussi animés que la ville. Il y a des usines jusque sur les collines ; on aperçoit de tous côtés des bouches de chaleur, des fabriques surmontées de leurs hautes cheminées de briques, des chemins de fer sillonnés de wagons, tout enfin ce qui constitue un grand centre industriel.

A peine le train a-t-il quitté la station de Rive de Gier qu'il entre dans un tunnel très-long qui n'est pas assez aéré et où on est gêné par la fumée. Après être sorti de ce tunnel, il passe au pied des montagnes du Lyonnais, franchit successivement cinq autres petits souterrains et arrive à Givors en suivant les contours des élévations dont le sol est hérissé.

Givors est une jolie petite ville de 7 à 8,000 habitants bâtie sur la rive droite du Rhône, au confluent du Gier et à la jonction du canal avec le fleuve. Ce canal, construit de 1763 à 1781, se termine dans un beau bassin de 260 mètres de longueur et de 108 de largeur pouvant contenir 250 bateaux.

La ville de Givors est un entrepôt considérable de marchandises et de combustible ; il y existe en outre des teintureries et des verreries à bouteilles, à vitres et à divers autres usages.

En quittant la station de Givors, qui est vaste et belle, on traverse le canal, puis une petite plaine formée d'alluvions, et on arrive sur la rive droite du Rhône qu'on suit jusqu'à Grigny.

De Grigny à Irigny, le train continue à suivre le Rhône, dont il n'est souvent séparé que par une berge ou un petit mur ; au delà de cette dernière station, il longe encore le fleuve pendant quelques minutes, puis il se dirige à gauche dans des terres en labour, passe sous un petit tunnel, traverse des prairies ombragées d'arbres, et s'arrête à la station d'Oullins.

Oullins est un village considérable dont les habitations couvrent les flancs d'un charmant coteau, près de la rive droite du Rhône. Il est environné de jolies maisons de campagne et est fort animé, le dimanche, dans la belle saison, à cause des nombreux promeneurs que la beauté de ses sites y attire.

L'église d'Oullins renferme le tombeau de Thomas, membre de l'Académie française, l'un des meilleurs écrivains du XVIIIe siècle, et celui de Jacquard, l'immortel auteur du métier à brocher les tissus, l'une des plus utiles inventions des temps modernes. On a gravé sur ce dernier monument funèbre :

A LA MÉMOIRE DE JOSEPH-MARIE JACQUARD, MÉCANICIEN CÉLÈBRE, HOMME DE BIEN ET DE GÉNIE, MORT A OULLINS, DANS SA MAISON, LE VII AOUT M.DCCCXXXIV, AU SEIN DES CONSOLATIONS RELIGIEUSES.

En sortant de la station d'Oullins, le train passe sous un tunnel assez long ; peu de temps après être reparu au jour, il traverse le beau pont de la Mulatière, jeté sur la Saône près de son confluent avec le Rhône, et arrive à la gare de Lyon, située dans la presqu'île de Perrache.

Le chemin de fer de Lyon à Saint-Etienne et à Roanne est le premier qui a été établi en France. Construit de 1827 à 1832 par MM. Séguin frères, il n'était destiné d'abord qu'au transport des marchandises, surtout de la houille. Il s'y trouve des courbes trop brusques et trop multipliées, des pentes trop fortes, des tunnels trop bas et trop étroits, et il est beaucoup trop rapproché du Rhône entre Givors et Irigny ; mais le service y est maintenant bien organisé, et il n'y arrive guère plus d'accidents que sur les voies ferrées mieux établies, eu égard à l'immense circulation qui y a lieu. Tel qu'il est, il rend d'importants services au pays ; il est parcouru chaque jour par de nombreux convois de wagons de diverses formes, et il remplace avantageusement pour les voyageurs la route de terre.

LYON.

Lyon, l'antique *Lugdunum*, métropole des Gaules, est une riche et grande ville merveilleusement située sur un beau fleuve et une rivière navigable qui confondent leurs eaux sous ses murs. J'avais entendu dire que cette ville était laide, triste, insalubre, et j'y arrivais sous l'empire de ces impressions peu favorables. Mais en voyant les deux larges cours d'eau qui se réunissent au pont de la Mulatière, en considérant les superbes quais du Rhône et de la Saône, en traversant le cours Napoléon, la place Louis XVIII, la rue de Bourbon ou de la République, la place Bellecour, en embrassant du haut de Fourvières l'ensemble de la cité, mon opinion préconçue s'est bien vite modifiée.

Ceux qui voient Lyon dans les anciens quartiers, tels que le bas de la montagne de Fourvières, les environs des places Saint-Pierre et de la Miséricorde et quelques autres parties dont les rues sont étroites, fort en pente et mal bâties, en emportent sans doute des souvenirs peu riants ; mais le voyageur qui visite ses monuments et ses établissements publics, qui parcourt ses quais, qui voit le mouvement d'affaires dont elle est le centre, s'en fait une haute idée, et n'hésite pas à lui donner le titre de seconde ville de France qu'elle revendique avec raison. Malheureusement beaucoup de rues sont pavées suivant l'ancien système, c'est-à-dire avec des cailloux ronds et mal joints, et les constructions sont, en général, d'une hauteur excessive : on remarque beaucoup de maisons, tant anciennes que modernes, de cinq, six et jusqu'à sept étages. Ce genre de construction tient sans doute à la cherté du terrain. Le sol étant d'un prix élevé tandis que l'espace en hauteur ne coûte rien, on tient beaucoup plus à avoir un grand nombre d'appartements que des habitations commodes.

L'origine de Lyon n'est point connue. Il est probable que c'était une cité des Albiens, qui habitaient le pays avant la Conquête; mais les historiens considèrent Plancus, général romain, comme son fondateur, par ordre du Sénat, 41 ans avant l'ère chrétienne, pour recueillir les habitants de Vienne qui avaient été expulsés de leur demeure par les Allobroges. Alors, tout porte à le croire, les eaux du Rhône et de la Saône, n'étant pas gênées dans leur cours, couvraient la majeure partie du terrain où se trouvent les beaux quartiers de la ville actuelle. La colonie de Plancus s'établit sur les coteaux de Fourvières et de Saint-Just, et la cité nouvelle prit le nom de *Lugdunum*.

Sous la domination des Romains, dont le génie avait tout de suite aperçu l'admirable position d'une ville bâtie au confluent de deux rivières navigables et susceptible de devenir un point si important sous le rapport militaire et commercial, *Lugdunum* prit un accroissement rapide. Agrippa en fit le centre de quatre grandes voies qu'il fit tracer dans les Gaules. Les empereurs établirent, à grands frais, des aqueducs pour y amener des eaux de source jusque du Mont-Pilat. Auguste, qui y fit un long séjour, combla la ville de bienfaits, lui conféra le titre de *Métropole des Gaules* et la dota d'une académie ou athénée. Ces libéralités le rendirent cher aux habitants ; et, à sa mort, leur reconnaissance se manifesta d'une manière éclatante : ils lui élevèrent, de concert avec les soixante nations qui commerçaient avec eux, au confluent du Rhône et de la Saône, près de l'athénée que cet empereur avait fondé pour l'enseignement des lettres et des arts, un temple d'une haute magnificence.

Lugdunum vit naître dans ses murs Germanicus, Caracalla et Claude. Ce dernier, devenu empereur, l'éleva du rang de municipe à celui de colonie romaine. Mais au milieu de sa splendeur, un incendie la détruisit, dit-on, presque entièrement. Relevée de ses ruines par Néron, elle fut saccagée par Septime Sévère, qui fit massacrer une partie de ses habitants pour les punir d'avoir embrassé le parti d'Albin, son compétiteur.

Après la destruction de l'empire romain, la cité de Plancus passa successivement au pouvoir des Burgondes, des empereurs d'Allemagne, des comtes du Forez, des archevêques de Lyon et des rois de France : ces derniers lui accordèrent des priviléges et des franchises fort étendus. Maintenant ce grand centre de population, qui s'étend des deux côtés du Rhône et de la Saône et ne forme réellement qu'une seule ville, est divisé en quatre communes pour l'administration civile, savoir : Lyon, la Croix-Rousse, la Guillotière et le faubourg de Vaise, et la population totale dépasse 250,000 âmes.

A la fin du XVIIIe siècle, le confluent du Rhône et de la Saône, qui se trouvait près de l'abbaye d'Ainay, a été reporté jusqu'au pont de la Mulatière ; de sorte que Lyon a gagné un vaste terrain autrefois couvert de marais où s'est élevé un quartier somptueux et plein d'avenir.

La ville de Lyon renferme un grand nombre de monuments curieux et d'établissements scientifiques, littéraires et artistiques que je vais décrire sommairement.

Monuments religieux.

A. *La Cathédrale.* L'église primatiale de Saint-Jean est un édifice remarquable ; mais l'architecture n'est pas en rapport avec son titre : elle est bien inférieure en beauté aux cathédrales d'Amiens, de Chartres, de Reims, de Paris, d'Orléans, de Bourges, de Bayeux, etc, ; elle est d'ailleurs placée, au bas de la montagne de Fourvières, dans une position peu favorable à la vue, et entourée, excepté du côté de la façade principale, de constructions qui la masquent. Cette église remonte au VIe siècle ; mais elle a été reconstruite aux XIIe et XIIIe et n'a été terminée qu'à la fin du XVe.

La façade principale a un bel aspect. La partie inférieure, qui porte le cachet du XIIIe siècle, se compose de trois porches décorés d'un grand nombre de statues qui ont été mutilées par les protestants en 1562. Les voussoirs des portes sont également ornées de sculptures et de statuettes dont presque toutes les têtes ont été cassées; il reste quelques délicieuses figures de vierges et d'anges qui témoignent de l'habileté des imagiers du moyen âge. Aucune statue ni statuette n'a été restaurée.

Au-dessus des porches se trouve un rang d'arcades surmonté d'une galerie et de huit clochetons à pinacles sculptés; sur cette galerie s'élèvent deux tours carrées, sans flèches, séparées par une belle rosace et un grand fronton triangulaire : tout ce dernier étage est dans le style ogival du XVe siècle.

L'abside, flanquée de deux tours carrées surmontées d'une croix de pierre, présente des détails fort intéressants. Les deux faces latérales, entourées de constructions, n'ont rien de grandiose.

L'intérieur de Saint-Jean est vaste; mais il est sombre et n'a pas cet aspect imposant qui caractérise plusieurs cathédrales. Il se compose : 1° d'une nef principale et de deux collatéraux ; 2° du chœur, élevé de trois marches au-dessus de la grande nef dont il n'est séparé que par une balustrade assez grossière; 3° d'un grand nombre de chapelles. Il n'existe pas de transepts; de sorte que les petites nefs et les galeries qui leur font suite le long du chœur, se prolongeant jusqu'au chevet, présentent des lignes d'une longueur trop considérable pour leur largeur et forment une perspective peu agréable à l'œil. Le chœur est beau, mais l'autel placé au milieu et l'orgue qui se trouve à l'extrémité choquent la vue et nuisent essentiellement à l'harmonie de l'ensemble. Les arcades de la galerie qui en fait le tour sont supportées par des colonnes et des pilastres fort ornés, appartenant au roman fleuri.

Parmi les chapelles on remarque particulièrement celle de Saint-Louis, construite par le cardinal Charles de Bourbon au XVIe siècle, qui est orné de sculptures d'une grande richesse de dessin et d'une extrême finesse d'exécution. Dans le retable de l'autel est encastrée une admirable tête de vierge en marbre blanc. Les fenêtres étaient décorées de verrières dont il reste de beaux débris.

La cathédrale renferme en outre plusieurs objets d'art et de curiosité intéressants, parmi lesquels on distingue principalement :

1° les vitraux peints de l'abside ; 2° une magnifique chaire épiscopale en bois, placée dans le chœur, ayant beaucoup de rapports avec les pyramides qui terminent chaque rangée des stalles d'Amiens ; 3° des tableaux de prix et quelques bonnes statues, notamment une Vierge, par Maximilien, élève de Canova ; 4° la chaire à prêcher, en marbre blanc, construite en 1839 sur les dessins de M. Chenavard et sculptée par M. Le Gendre-Hérald ; 5° une horloge astronomique établie en 1598 par Lippius, de Bâle, et successivement augmentée par Nourrisson et Charmy, horlogers de Lyon ; elle marque les siècles, les années, les mois, les jours, les heures, les minutes, les fêtes mobiles et immobiles, la position du soleil dans les signes du zodiaque, les phases de la lune et le mouvement des planètes ; des automates représentant des personnages religieux sont mus par le mécanisme et remplissent chacun une fonction dans l'œuvre générale.

B. *Eglise d'Ainay.* Cette église, de style byzantin, bâtie à l'emplacement de l'athénée d'Auguste et qui faisait partie de la célèbre abbaye de Saint-Martin d'Ainay, est fort curieuse. Détruite plusieurs fois par les Barbares, l'église et l'abbaye furent relevées à diverses époques, ce qui fait que quelques parties de l'édifice portent le cachet du XIe siècle, tandis que d'autres sont évidemment plus anciennes. On remarque à l'extérieur, surtout à l'abside, des incrustations ou mosaïques en brique et pierres de différentes couleurs.

L'intérieur du monument est encore plus digne d'intérêt que l'extérieur. On s'arrête surtout devant les quatre colonnes de granite qui soutiennent la coupole du chœur, et qu'on dit provenir du temple élevé à Auguste par soixante nations des Gaules. Il existe autour de l'église, c'est-à-dire des deux petites nefs et du chœur, des pilastres engagés dont les chapiteaux sont délicieusement sculptés : derrière le sanctuaire ces pilastres sont ornés depuis la base jusqu'au sommet. Les voûtes des trois nefs sont peintes dans le goût byzantin.

Au-dessous de la sacristie, située dans la partie méridionale de l'édifice, se trouve la crypte ou église souterraine de Sainte-Blandine, formant un carré d'environ trois mètres de côté, dont la voûte, à quatre pans et à plein-cintre, repose sur quatre piliers engagés. Cette crypte, qui n'a guère que deux mètres de hauteur, n'offre rien de remarquable dans son état actuel.

L'église d'Ainay étant devenue trop petite pour la population du quartier, on y a accolé une longue nef ou chapelle sans caractère architectural et qui défigure le monument.

C. *Saint-Nizier*. L'église Saint-Nizier, dont les fondements furent jetés, dit-on, par saint Pothin, vers la fin du IIe siècle, est une des plus belles de Lyon. Malheureusement elle a été rebâtie et restaurée plusieurs fois, et il en résulte un mélange de styles qui est loin de satisfaire l'archéologue. L'abside et la tour élevée sur le côté nord de la façade sont les parties les plus curieuses de l'extérieur.

L'intérieur, composé de trois nefs, du transept, du chœur et de quatorze chapelles, présente un bel ensemble et renferme des objets d'art précieux, notamment le maître-autel en marbre blanc, orné des figures de Jésus-Christ et des douze apôtres; des statues représentant la Vierge et l'enfant Jésus, par Coyzevox, et saint Pothin, par Chinard ; plusieurs tableaux de prix peints par Revoil, Orsel, etc.

On visite avec intérêt à Saint-Nizier une crypte ou chapelle souterraine dans laquelle on descend par un double escalier existant de chaque côté du chœur, près des portes latérales. Cette crypte, qui passe pour être l'ancienne chapelle où saint Pothin éleva le premier autel chrétien dans Lugdunum, a la forme d'une croix grecque, et se compose d'un carré, d'environ 4 mètres de côté, dont les faces sont terminées par des absides semi-circulaires d'environ 1^m, 75 de profondeur.

D. *Eglise de Fourvières*. Elevée sur le plateau de Fourvières, cette église a été, dit-on, bâtie sur l'emplacement d'un *forum* construit par Trajan. Ce ne fut pendant plusieurs siècles qu'une modeste chapelle placée sous l'invocation de *Notre-Dame de Bon-Conseil*, et qui n'était guère visitée que par des pélerins. En 1192 l'archevêque de Lyon et le chapitre de la cathédrale remplacèrent la chapelle par une église qu'ils dédièrent à la Vierge Marie et à saint Thomas de Cantorbery, et ils l'érigèrent en collégiale. On y a fait tant d'additions et de restaurations qu'il ne reste plus de l'édifice de la fin du XIIe et du commencement du XIIIe siècles que la nef et le petit portail. On voit dans le mur du côté nord beaucoup de briques romaines.

Cette église n'offre aucun intérêt sous le rapport monumental; mais elle attire sous ses voûtes une grande affluence de visiteurs, surtout à l'époque des fêtes de la Vierge. Notre-Dame de Fourvières est, comme chez nous Notre-Dame de la Délivrande, l'objet d'une pieuse vénération. Les rues qui y conduisent et les environs du plateau sur lequel elle est bâtie sont presque entièrement habités par des marchands de livres de dévotion, de chapelets, d'images, de cierges et autres objets qui sont achetés par les pélerins

A côté de l'église on a élevé un observatoire du haut duquel la vue embrasse un vaste horizon, borné : au nord, par les montagnes du Beaujolais, qui se dessinent dans le lointain entre les trois mamelons du Mont-d'Or; à l'est, par les Alpes, couronnées de neiges perpétuelles; au sud, par le Mont-Pilat, dont le sommet se perd dans les nuages; à l'ouest, par les chaînes granitiques et volcaniques du Forez et de l'Auvergne qui se confondent avec les vapeurs de l'atmosphère.

Après avoir contemplé avec ravissement les immenses proportions et l'extrême beauté du panorama qui se déroule devant lui, l'observateur abaisse ses regards sur la ville de Lyon et en considère l'ensemble. Vue ainsi à vol d'oiseau, elle présente une masse de constructions qui descendent confusément des collines, franchissent la Saône et le Rhône et s'épanouissent dans la plaine.

Mais l'œil ne tarde pas à distinguer parmi cette forêt de tours, de cheminées, de toits : la basilique de Saint-Jean gravement assise au pied de la montagne ; l'église d'Ainay, entourée d'édifices modernes ; la presqu'île de Perrache, naguère un marais insalubre et aujourd'hui un quartier plein de vie et de mouvement ; le cours Napoléon, avec ses longues rangées de platanes ; la tour de Saint-Nizier qui brille au soleil ; l'Hôtel de Ville surmonté de son dôme ; le Jardin des Plantes qui montre la cime verte de ses arbres au milieu de hautes maisons s'élevant en amphithéâtre jusqu'à l'église des Chartreux, etc. En ajoutant au vaste et curieux ensemble de la grande cité et des communes suburbaines les sites délicieux des bords du Rhône et de la Saône, on reconnaît que cet admirable tableau est en parfaite harmonie avec la splendeur de son cadre.

Monuments civils.

a. *Hôtel de Ville.* L'hôtel de ville de Lyon a 117 mètres de longueur et 48 de largeur. La façade principale, qui forme un des petits côtés de la place des Terreaux, a été restaurée en 1702 par Mansard ; elle se compose d'un péristyle, de deux pavillons en avant-corps et d'une tour surmontée d'un dôme. Le tympan du fronton est orné des armes de la ville et d'une statue équestre de Henri IV.

Sous le péristyle se trouvent deux superbes groupes en bronze dus au ciseau des frères Coustou, nés à Lyon, célèbres sculpteurs de la première moitié du XVIIIe siècle. Ces groupes qui portent la date de 1719, décoraient, avant la révolution, les deux côtés de la statue de Louis XIV, sur la place Bellecour ; ils figurent symboliquement l'un le Rhône, par Guillaume, et l'autre la Saône, par Nicolas Coustou : ils sont rangés dans le nombre des meilleures productions de la statuaire moderne.

La façade est flanquée de deux ailes en retour, reliées par des galeries à terrasses et séparées par une belle cour.

L'hôtel de ville renferme des archives curieuses, un grand nombre de plans et de cartes, une bibliothèque administrative et historique, des tableaux, gravures, portraits, dessins, bustes, médailles et autres objets intéressants.

b. *Palais Saint-Pierre*. Le palais Saint-Pierre ou des Arts est un des plus vastes et des plus riches édifices de Lyon. Sa façade principale, qui forme le côté méridional de la place des Terreaux, se compose de deux étages et est décorée de deux colonnes doriques, de dix-huit pilastres corinthiens, d'un entablement et d'une balustrade surmontée d'un belvéder dans le goût italien. L'ensemble est d'un bel effet, sans avoir un haut caractère monumental.

A la révolution de 1789, le Palais des Arts était la célèbre abbaye de Saint-Pierre, fondée dans le IVe ou le Ve siècle, détruite par les Sarrasins en 732, rétablie par l'archevêque Leydrade sur de plus larges bases, renversée par les Protestants en 1562 et réédifiée peu de temps après avec de notables agrandissements. A peine un siècle s'était-il écoulé depuis que ces nouvelles constructions avaient été élevées que les dames religieuses les firent raser pour y substituer un véritable palais, qui fut commencé en 1667 sur les plans de la Valfinière, d'Avignon. Déclarée bien national à la révolution de 1789, l'abbaye de Saint-Pierre a été cédée depuis à la ville et est devenu le palais des Arts et du Commerce. Il s'y trouve un musée épigraphique, un cabinet d'antiquités, une salle de plâtres moulés, un salon contenant des marbres dus au ciseau d'artistes lyonnais, deux galeries de tableaux, une bibliothèque et un muséum d'histoire naturelle. Les sociétés savantes de Lyon tiennent leurs séances dans une des salles du palais; d'autres pièces sont affectées à l'école des beaux-arts, à des cours de littérature, d'histoire naturelle, de géologie, etc.; il renferme en outre la Bourse et la Chambre de commerce.

c. *Palais de Justice*. Le palais de justice, situé en face du pont de ce nom, sur le bord de la Saône, est un bel édifice dont la première pierre fut posée le 28 juillet 1835. La façade, précédée d'un large perron, se compose d'une superbe colonnade d'ordre corinthien flanquée de deux pavillons ou arrière-corps. Au haut du perron se trouve un péristyle suivi d'un vestibule conduisant à la salle des pas perdus, surmontée d'élégantes coupoles. De cette salle on pénètre, à droite et à gauche dans la cour d'appel et le tribunal de première instance, et au fond dans la salle des assises, dont l'entrée est décorée d'un bas-relief représentant la ville de Lyon sous la figure d'une femme ayant à sa droite le Commerce, l'Architecture, la Peinture et la Sculpture, et à sa gauche la Navigation, l'Industrie, l'Eloquence, la Science et l'Agriculture.

L'édifice, dont la construction a, dit-on, coûté huit millions de francs, est majestueux, mais il n'a malheureusement qu'une façade monumentale.

d. *Hospice de l'Antiquaille.* Les empereurs romains possédaient à Lugdunum, sur la montagne de Fourvières, un splendide palais qui fut détruit à une époque inconnue. En 1500, un château fut relevé sur les ruines et avec les débris du palais des empereurs. On trouva en fouillant et en déblayant le sol une si grande quantité d'antiquités qu'on donna au nouvel édifice le nom d'*Antiquaille*. Les religieuses de la Visitation achetèrent ce château en 1630 et s'y établirent. C'est aujourd'hui un hospice considérable, qui n'a rien de curieux que les souvenirs qu'il rappelle et une crypte ou grotte souterraine de 6 mètres de longueur sur 5 de largeur, dite de Saint-Pothin, où, suivant la tradition, les premiers martyrs Lyonnais, notamment sainte Blandine, auraient été renfermés avant d'être conduits au supplice. A droite, en entrant, on voit un étroit cachot dans lequel on ne peut tenir qu'assis, où mourut saint Pothin à l'âge de 90 ans.

Etablissements littéraires, scientifiques et artistiques.

Quoique Lyon soit une ville essentiellement industrielle et commerciale, elle possède un grand nombre d'établissements littéraires, scientifiques et artistiques qui y attirent bon nombre d'étrangers et contribuent puissamment à lui donner le titre de seconde capitale de la France. Ces établissements sont nombreux et je mentionnerai spécialement les suivants :

I. *Académie des Sciences, Belles-Lettres et Arts, Société d'Agriculture, d'Histoire naturelle et des Arts utiles* et *Société Linnéenne*. Ces trois Compagnies, dont vous recevez, Messieurs, les intéressantes publications en échange des vôtres, jouissent d'une haute réputation. Leurs travaux sont justement appréciés dans toute l'Europe, et elles comptent parmi leurs membres des hommes d'un mérite supérieur.

II. *Bibliothèque publique*. Cette bibliothèque occupe, dans les bâtiments du collége, plusieurs salles dont la principale donne sur le quai de Retz et le Rhône. Elle renferme plus de 100,000 volumes, des éditions rares et de riches manuscrits. Elle est parfaitement tenue. Notre savant confrère M. Mulsant est un des bibliothécaires-administrateurs de cet établissement, le plus important de ceux du même genre qui existent en province.

III. *Musée épigraphique*. Le musée lapidaire de Lyon, fondé par le savant Artaud avec les objets antiques trouvés dans l'enceinte de la ville et les environs, est établi sous un portique en saillie existant autour de la cour du palais Saint-Pierre. Il contient plus de 600 numéros, principalement des colonnes milliaires, des tombeaux, des urnes cinéraires, des inscriptions, des fûts de colonnes, des chapiteaux, etc. On remarque particulièrement : 1° la fameuse table de bronze sur laquelle est gravée une partie du discours de Claude au Sénat à l'effet d'obtenir pour les citoyens de la Gaule celtique le droit d'être admis à la dignité de sénateur romain; 2° des bas-reliefs en bronze et en marbre du meilleur style ; 3° des sarcophages en marbre blanc ornés de sculptures ; 4° de superbes tauraboles ; 5° un magnifique entablement dont la frise est décorée de vingt-sept figures en demi-bosse représentant un sacrifice.

IV. *Cabinet des antiques*. Ce cabinet, que les collections de MM. Artaud et Commarmond ont notablement enrichi, occupe une des salles du premier étage du palais Saint-Pierre. Parmi les nombreux et intéressants objets qu'il renferme, j'ai principalement remarqué : 1° une statuette en bronze, de 0^m,50 de hauteur, à laquelle il manque un bras, et qui représente sans doute une muse; 2° une Diane chasseresse, petit bronze d'une extrême délicatesse ; 3° un Jupiter assis, d'un beau style; 4° des colliers et bracelets romains en or et pierreries ; 5° des bagues de différentes formes, etc.

V. *Musée de tableaux*. Le musée de tableaux forme deux galeries. La première renferme les œuvres des artistes lyonnais, parmi lesquelles se trouvent des toiles d'un vrai mérite ; cette galerie contient en outre quatre armoires, d'un beau travail, garnies d'étagères, où sont classés avec ordre une quantité d'objets curieux, notamment un médailler, composé de près de dix mille pièces de tous les types ; des figurines égyptiennes, grecques et romaines ; des armures du moyen âge ; quelques émaux; des faïences de Bernard Palissy, etc. Dans le pavé de marbre de la salle, qui est vaste et bien éclairée, on a encastré quatre superbes mosaïques trouvées à Lyon, dont l'une, représentant des courses en chars et à cheval dans le cirque et que tous les antiquaires connaissent, est d'un prix inestimable.

La seconde galerie se distingue non par le nombre des toiles qu'elle contient, mais par le choix et la valeur des tableaux. Presque toutes les écoles y sont représentées par des chefs-d'œuvre. J'ai principalement noté : une *Ascension*, l'une des plus admirables compositions du Pérugin, donnée par le pape Pie VII à la ville de Lyon; deux petits Albane, d'une peinture exquise; un portrait de la maîtresse du Padouan, par ce maître célèbre, d'une touche ravissante; une *Circoncision*, par le Guerchin, aussi bien peinte qu'habilement dessinée; une *Adoration des Mages*, par Rubens, d'un coloris merveilleux; un charmant *Intérieur de cui-*

sine, par Sneyders ; de gracieux vases de fleurs, par Van Huysum et Daniel Seghers ; un beau Teniers représentant un ange délivrant saint Pierre pendant que les soldats qui le gardent se livrent au jeu ; un joli Terburg, figurant une dame assise et lisant un message qu'un page debout devant elle vient de lui remettre.

VI. *Musée statuaire.* A côté du musée de tableaux se trouve une salle contenant une belle collection de plâtres moulés et quelques statues de marbre et de bronze. De cette salle on entre dans un salon décoré de peintures et de dorures qui renferme des marbres dus au ciseau d'artistes lyonnais.

VII. *Muséum d'Histoire naturelle.* Ce muséum occupe plusieurs salles du palais, et renferme une grande quantité d'objets parfaitement classés. Les collections géologique, minéralogique et entomologique sont surtout fort riches.

VIII. *Jardin des Plantes.* Une partie de ce jardin était, sous les Romains, occupée par un amphithéâtre. En 1304, une abbaye y fut fondée par Blanche de Châlons, pour des religieuses de Sainte-Claire. A la révolution de 1789, l'enclos du couvent fut converti en jardin public. Il est situé sur la colline de Saint-Sébastien et domine une partie de la ville. Un beau bassin avec jet d'eau se trouve dans la partie haute ; le bas renferme une serre et une orangerie qui, sans être très-vastes, sont bien établies.

On remarque encore parmi les monuments et les curiosités que Lyon renferme :

1. Le Grand-Théâtre, construit, de 1828 à 1830, sur les plans de MM. Chenavard et Pollet, habiles architectes lyonnais.

2. La statue équestre de Louis XIV, sur la place Bellecour, l'un des chefs-d'œuvre du sculpteur Lemot, né à Lyon.

3. La statue pédestre de Jacquard, élevée sur la place Sathonay, au bas du Jardin des plantes, et celle de Jean Kleberger, surnommé l'*Homme de la Roche*, placée à l'extrémité du quartier de Bourgneuf, dans une grotte et sous une voûte en blocage

surmontée d'un rocher de granite de 30 à 35 mètres de hauteur. On lit sur le piédestal de la statue l'inscription suivante :

A JEHAN KLEBERGER
LE BON ALLEMAND BIENFAITEUR DES PAUVRES
1er FONDATEUR DE L'HOMME DE LA CHARITÉ,
LES LYONNAIS RECONNAISSANTS.

4. La fontaine de la place Saint-Jean, en face du grand portail de la cathédrale, formée d'un soubassement carré, surmonté de quatre colonnes ioniques soutenant un petit dôme; entre les colonnes se trouvent deux statues en bronze représentant le *Baptême du Sauveur*.

5. Le cimetière monumental de Loyasse, près du fort de ce nom.

6. Plusieurs constructions particulières, notamment sur le quai Fulchiron, n° 8, près de la place Montazet, une maison mauresque neuve, d'une grande richesse d'ornementation; rue Juiverie, n° 4, une belle maison de la renaissance, et même rue, n° 8, une autre maison au fond de la cour de laquelle se trouve une galerie couverte, avec deux charmants pavillons élevés sur les dessins de Philibert Delorme; la maison Richard, rue de l'Algérie, édifice moderne dans le goût de la renaissance, orné de belles sculptures.

7. Les quais du Rhône, d'une longueur considérable et d'une grande beauté.

8. Les places Bellecour, l'une des plus vastes de France; Louis XVIII, nouvellement tracée, formant un quadrilatère régulier et autour de laquelle on ne voit encore qu'une belle maison vers l'est; des Terreaux, parallélogramme dont deux des côtés sont formés par l'Hôtel de Ville et le palais Saint-Pierre, et les deux autres par des magasins, des hôtels, des restaurants, des cafés et des boutiques.

9. Le cours Napoléon, magnifique promenade formée de quatre rangs de platanes de chaque côté de la grande allée, et longée à

droite et à gauche par une chaussée d'empierrement.

10. Les ponts de la Mulatière, dans le genre de celui du Carrousel, à Paris ; Morand, en bois ; La Fayette, en pierre et en bois ; de la Guillotière, avec deux trottoirs en encorbellement, etc.

Lyon est une ville de haut commerce et de grande industrie. Sa fabrique de soieries est la plus belle, la plus riche et la plus importante de l'univers ; elle est fort connue dans les deux hémisphères.

DE LYON A CHALON-SUR-SAONE.

Il n'existe plus entre Lyon et Châlon-sur-Saône qu'une seule voie de transport suivie, c'est la Saône qui est chaque jour sillonnée par plusieurs bateaux à vapeur. Cette voie est non-seulement commode et économique, mais fort agréable, les bords de la rivière étant excessivement animés et très-curieux.

L'embarcadère des bateaux à vapeur de la Saône se trouve quai Peyrollerie, un peu au-dessous du pont Saint-Vincent. Le paquebot part d'abord à petite vapeur. Les voyageurs saluent, en passant, la statue de l'*Homme de la Roche*, et jettent un coup d'œil sur les ruines du château de Pierre Scise, bâti sur un rocher. Les archevêques de Lyon habitèrent longtemps ce château, construit au moyen âge. Sous Louis XI il devint une prison d'état, où furent renfermés, à diverses époques, Jacques d'Armagnac, de Thou, Cinq-Mars, Mirabeau et beaucoup d'autres personnages marquants. Il ne reste plus du vieux manoir que quelques pans de murs ; et bientôt il aura entièrement disparu ainsi que le rocher sur lequel il s'élevait, car une carrière a été ouverte à sa base et on en extrait chaque jour du moellon pour les constructions de Lyon et de ses faubourgs.

Un peu au delà du rocher de Pierre Scise on passe sous le pont suspendu de Serin, d'une seule arche, et plus bas sous celui de Vaise ; on laisse à gauche les maisons de ce faubourg, qui s'épanouissent dans une plaine derrière laquelle s'élèvent des montagnes dont la tête est ornée d'une verte couronne de bois. Les deux côtés de la rivière sont parsemés de maisons de campagne, de bosquets et de jardins formant des tableaux variés, enchanteurs. On voit, à gauche, entre deux collines, le village de Saint-Didier, et à droite l'église de Caluire, placée comme une sentinelle vigilante au sommet d'un coteau.

L'Ile-Barbe, couverte de verdure et de ruines, se présente ensuite à la vue du voyageur. Cette île est non-seulement attachante par sa position et son aspect, mais encore par les souvenirs qu'elle rappelle. Les druides y avaient, dit-on, un autel consacré aux divinités gauloises. Lors de l'établissement du christianisme à Lyon, un oratoire y fut établi, et devint, par la suite, une abbaye de l'ordre de Saint-Benoit, qui était déjà célèbre au commencement du IXe siècle, car il paraît que Charlemagne la visita plusieurs fois. Par ordre de cet empereur, Leydrade, archevêque de Lyon, y réunit une bibliothèque à laquelle on donna le nom de *Librairie de Charlemagne*. Cette bibliothèque, qui avait acquis une grande importance, fut pillée et incendiée, ainsi que l'abbaye, par les Protestants en 1562. L'île a perdu son antique splendeur et son caractère religieux ; mais elle est restée un lieu de promenade cher aux Lyonnais ; il s'y tient les lundis de Pâques et de la Pentecôte des assemblées ou fêtes publiques qui sont fort brillantes.

A environ 4 kilomètres de Lyon, on voit à gauche, dans des arbres, le village de Collonges, derrière lequel s'élève le Mont-d'Or avec ses trois mamelons pittoresques. Ces montagnes, qui forment un groupe isolé des autres chaînes, sont composées de gneis et de micashistes recouverts par le lias et l'oolite inférieure.

Dans plusieurs communes de la montagne, notamment à Saint-Cyr, Saint-Didier, Collonges, etc. on élève et nourrit un nombre considérable de chèvres, avec le lait desquelles on fabrique le fromage connu sous le nom de Mont-d'Or, dont on fait une grande consommation à Lyon et qui s'exporte au loin.

Un peu avant d'arriver à Fontaine, village où se trouve un pont suspendu, on voit, à droite, une superbe manufacture d'indiennes. Là, le paysage devient moins animé; le nombre des belles habitations des bords de la Saône diminue; les coteaux sont plus arides et leurs flancs sont couverts de vignes.

A 15 kilomètres de Lyon se trouve, dans une position extrêmement agréable, le bourg de Neuville, chef-lieu de canton. Il y existe un beau pont suspendu. En avançant vers la Bourgogne, on remarque sur une colline, formant un premier plan, l'église de Saint-Germain, coquettement assise au-dessus de beaux vignobles, et derrière, au sommet d'un mamelon boisé, un château qui domine la vallée de la Saône. Un peu plus loin, l'horizon s'agrandit. A gauche se déroulent les hautes montagnes du Beaujolais; à droite commencent les vastes et verdoyantes plaines de Dombes, ombragées de feuillages. Pendant qu'on examine les deux bords de la rivière, qui coule maintenant entre les départements du Rhône et de l'Ain, on arrive à Trévoux, jolie petite ville bâtie sur le versant d'un coteau tapissé de vignes, et au-dessus de laquelle se dressent les ruines d'un ancien château à tourelles.

Trévoux, dont la population atteint à peine 3,000 âmes, est une ville ancienne, qui a joué un rôle assez marquant dans l'histoire des derniers siècles. C'était la capitale de l'ancienne principauté de Dombes. François Ier y établit, en 1535, un parlement qui fut réuni à celui de Dijon peu de temps avant la révolution de 1789. L'imprimerie y prit un développement marqué : les Jésuites y fondèrent un journal, et on y édita un dictionnaire connu sous le nom de *Dictionnaire de Trévoux*. Ce n'est plus aujourd'hui que le chef-lieu d'un des arrondissements de l'Ain. On y fabrique de l'orfévrerie et de la bijouterie en quantité assez notable.

Un peu au delà de Trévoux on aperçoit à gauche et devant soi des coteaux de vignobles émaillés de maisons d'un effet ravissant. Derrière, et au loin, s'élèvent des montagnes couvertes de bois qui tranchent sur l'azur du ciel. La Saône décrit une courbe assez prononcée et se rapproche d'Anse, petite ville du département du Rhône, située sur les bords fleuris de l'Azergue. Le terrain qui l'environne est si productif qu'on peut y faire plusieurs récoltes dans une année.

Anse existait dès les premiers temps de la conquête des Gaules. Auguste y établit un camp et un palais dont on voit encore les ruines. Les rois de France y avaient un château. Il s'y est tenu six conciles, le premier en 1025 et le dernier en 1299, ce qui prouve que cette ville avait, au moyen âge, une certaine importance.

Entre Anse et Villefranche le sol végétal repose sur le groupe oolitique ; il est si fertile qu'on donne à la distance qui sépare ces deux villes la désignation de plus *belle lieue de France.*

Villefranche, chef-lieu du 2e arrondissement du Rhône, est bâtie presque au centre du Beaujolais, dans une riche et populeuse vallée, et à 2 kilomètres environ de la Saône. Elle est encadrée dans de délicieuses collines derrière lesquelles s'élèvent des montagnes dont le sommet se confond avec les nuages. Cette ville, d'abord connue sous le nom de *Lunna*, dut sa prospérité aux franchises que lui accordèrent les sires de Beaujeu. L'église est ancienne, mais elle fut en partie détruite par un incendie le 15 avril 1566. La tour, qui est encore un monument fort curieux, était, dit-on, avant ce sinistre, une des plus hautes et des plus belles de France.

A partir de Villefranche, les montagnes du Beaujolais prennent un aspect mamelonné fort remarquable. Les bords de la Saône offrent toujours des sites variés, séduisants. En continuant à remonter son cours, on voit Beauregard, aujourd'hui simple village, qui était autrefois une ville populeuse de la principauté de Dombes : ayant été prise et détruite en 1377 par le comte de Savoie, elle n'a pas été relevée.

A 7 kilomètres de Villefranche, sur la rive droite de la Saône, se trouve le bourg de Saint-Georges de Reneins, près duquel coule la Vauxonne dans de vertes prairies. Il existe à Rivière, hameau de cette commune, un petit port d'embarquement des productions du pays.

De Saint-Georges à Montmerle les bords de la rivière sont plats, mais agréables.

Montmerle est un bourg situé sur le département de l'Ain, c'est-à-dire sur la rive gauche de la Saône ; il communique avec l'autre bord au moyen d'un pont suspendu. C'était une ville gallo-romaine. En 1840, on y a trouvé des statuettes en bronze et en terre cuite, des vases antiques de différentes formes, des urnes cinéraires, des médailles d'Auguste et de Tibère, etc. Au nord du bourg s'élève, sur un coteau, une petite église derrière laquelle on voit une tour ronde formant l'une et l'autre un joli point de vue.

Après avoir dépassé Montmerle, on admire un charmant paysage formé de montagnes ondulées au pied desquelles sont assis de nombreux villages dont les toits brillent au soleil.

Le Beaujolais, qui continue à s'épanouir sur la rive droite de la Saône, est une des plus belles contrées de la France, par sa fertilité et son heureuse situation entre une rivière navigable et des montagnes pittoresques. Outre ses vins bien connus, il produit beaucoup de céréales et de fourrages, et renferme une quantité de villes et de villages très-peuplés qui lui donnent une grande animation. La fraîcheur et la richesse du sol font reconnaître la présence du groupe oolithique inférieur.

De l'autre côté de la rivière se trouve la Bresse, pays plat, couvert de prairies ombragées d'arbres et de belles plaines, où croissent en abondance le froment, le méteil, le seigle, l'orge, l'avoine, etc. Le colza y est aussi cultivé, mais semé : les agriculteurs prétendent que cette plante produit bien en place, tandis qu'elle dépérit lorsqu'on l'arrache et la repique. Les labours y sont généralement faits avec des bêtes bovines. Comme en Auvergne, les vaches sont petites et ne donnent par plus de dix litres de lait par jour, au maximum.

Le sol de la Bresse, s'étant formé sous l'eau, renferme beaucoup de parties basses où existent des étangs, d'une contenance totale de 2 à 3,000 hectares, dont le produit en poisson est d'environ 800,000 francs par an. Ces étangs se trouvent presque tous dans l'arrondissement de Trévoux, c'est-à-dire dans l'ancienne principauté de Dombes. Le terrain qu'ils occupent est alternativement cultivé et couvert d'eau, et, en général, aménagé par période de trois années : deux à l'état d'étang et une en labour. Un étang de huit hectares produit 1,250 kilogrammes de carpes, 250 kilogram. de tanches et 250 kilogram. de brochets. Pour l'empoissonner on y jette mille carpes du poids de 50 à 60 grammes, 50 kilogrammes de tanches et 100 brochetons d'environ 250 grammes chacun : ces brochetons sont destinés à empêcher les carpes et les tanches de se multiplier trop abondamment. Au bout de deux ans, les carpes pèsent 1 kilog.,250, les brochets 2 à 3 kilog. et le poids des tanches a quintuplé.

Les étangs sont d'un bon rapport ; mais leur assèchement périodique et leur mise en culture donnent lieu à des émanations de gaz délétères qui rendent le pays très-malsain, y occasionnent des fièvres et autres maladies endémiques.

Le voyageur considère avec le plus vif intérêt les deux bords de la rivière, d'un aspect si différent ; et pendant qu'il admire les gracieux paysages qui frappent sa vue, le bateau arrive à Belleville-sur-Saône, jolie petite ville assise au milieu de vertes prairies et de bouquets d'arbres.

Belleville est un chef-lieu de canton de l'arrondissement de Villefranche. Il s'y trouve un port d'embarquement de vins, bois, pierre de taille et autres produits.

A peu de distance de Belleville, commence, à gauche, le département de Saône et Loire. Sur l'autre rive on aperçoit, dans les arbres, le bourg de Thoissey, bâti dans une belle plaine, à peu de distance de la Chalaronne, petite rivière de la Bresse. Les bords de la Saône continuent à être plats, et on jouit toujours, à gauche, de la vue des montagnes du Beaujolais avec leurs mamelons arrondis. On s'arrête un moment à Saint-Romain, village où se trouve un pont suspendu. On remarque dans une vallée, au pied de riants coteaux, une suite de villages populeux qui forment un tableau fort animé.

Avant d'arriver à Mâcon, la configuration du sol se modifie. A gauche, il n'existe plus sur le premier plan que des collines ; les montagnes se sont abaissées et les hautes chaînes fuient à l'horizon. De l'autre côté de la rivière, la Bresse conserve sa physionomie uniforme : c'est toujours un sol plat et couvert de peupliers.

Mâcon, chef-lieu du département de Saône et Loire, se présente sous un point de vue agréable avec ses tours carrées, son dôme et ses toits de briques. Cette ville avait déjà une certaine importance lors de la conquête des Gaules, puisque, moins de cinquante ans après, Agrippa la relia, par une belle voie, à la capitale des Eduens. On y a découvert, à diverses époques, des monnaies romaines, des statuettes en bronze et d'autres antiquités. Elle fut brûlée par les Huns en 451 et saccagée par les Sarrasins en 720. Rebâtie ensuite, elle ne traversa le moyen âge qu'en subissant plusieurs fois la loi des soldats qui y pénétrèrent de vive force.

La ville de Mâcon est bâtie sur un terrain légèrement incliné. Le quai de la Saône est bordé de belles maisons et orné d'une allée d'arbres qui forme une promenade fort agréable.

On doit visiter à Mâcon :

1° Les tours de l'église Saint-Vincent, restes de l'ancienne cathédrale, dont la partie inférieure est du XIIe siècle et l'étage supérieur du XIIIe ; sous la voûte qui réunit ces deux tours on voit de belles peintures murales représentant la *Résurrection des Morts* ;

2° L'Hôpital, construit de 1758 à 1770 sur les plans du célèbre architecte Soufflot;

3° L'ancien palais épiscopal, aujourd'hui la préfecture;

4° L'Hôtel de Ville, renfermant une bibliothèque publique assez importante.

La principale église est moderne; elle est vaste, mais n'a pas un haut caractère monumental.

Saint-Laurent de l'Ain, bourg où existe une des plus fortes halles de la Bresse pour la vente des céréales, est situé sur la rive gauche de la Saône, en face de Mâcon, dont il n'est séparé que par un pont en pierre. Près de ce pont se trouve une île qui forme dans la rivière une délicieuse oasis de verdure.

Après avoir dépassé les dernières habitations de Mâcon, on aperçoit, dans la plaine et sur les collines, des maisons de campagnes et des châteaux entourés de parcs, de jardins et de vignobles qui donnent au paysage du relief et de la grâce.

A Fleurville, où on a établi un pont suspendu, le pays change d'aspect. On entre dans la Bresse châlonnaise, et le sol est beaucoup moins boisé. On remarque sur le bord de la rivière de grands marais où paissent des troupeaux de bêtes bovines, et bientôt on arrive à Tournus, petite ville bâtie sur la rive droite de la Saône et qui communique avec l'autre bord au moyen d'un beau pont. Elle est située dans une plaine agréable; mais, à l'exception des maisons du quai, elle est assez mal bâtie.

Tournus existait dès le temps de la conquête des Gaules par les Romains. Dans le VIIe siècle, Gontran, roi de Bourgogne, y fonda une abbaye à l'endroit où saint Valérien avait reçu la palme du martyre en 177. Cette abbaye, qui porta d'abord le nom du saint dont elle rappelait la mort tragique, prit, en 875, celui de Saint-Philibert; elle était enceinte de murailles, avec tours, créneaux et fossés comme une forteresse féodale.

Les antiquaires visitent avec intérêt l'église de Tournus, qui dépendait de l'abbaye de Saint-Philibert. C'est un bel édifice construit dans le style byzantin, décoré à l'extérieur de mosaïques en briques et pierres blanches, et surmonté de deux tours carrées terminées par des pyramides au sommet desquelles se trouve une croix : l'une de ces tours s'élève sur le portail et l'autre sur la croisée.

L'Hôtel Dieu, fondé au XIVe siècle par Marguerite, veuve de Charles d'Anjou, roi de Sicile, est digne de fixer un moment l'attention du voyageur.

Le fameux peintre Greuze est né à Tournus. On a placé au-dessus de la porte de la maison où il vit le jour l'inscription suivante :

ICI EST NÉ

JEAN-BAPTISTE GREUZE,

LE 21 AOUT 1725.

On remarque autour de Tournus quelques coteaux plantés de vignes. De l'autre côté de la rivière règnent toujours de vastes prairies presque nues.

D'après le témoignage de la plupart des historiens c'est près de Tournus que Septime Sévère défit Albin, son compétiteur à l'empire ; cependant quelques auteurs prétendent que la bataille eut lieu dans la plaine qui se trouve entre Neuville et Trévoux.

Au delà de Tournus la Saône décrit de grandes courbes ; les coteaux de la rive droite disparaissent, et bientôt les deux bords de la rivière deviennent uniformes, plats et monotones : si loin qu'elle s'étende, la vue n'embrasse guère que d'immenses marais peu ombragés d'arbres et dans lesquels on distingue à peine quelques habitations ; on ne voit, sur une longeur de 25 à 30 kilom., que la Colonne, hameau de la commune de Gigny. Enfin, les tours de Saint-Vincent et le dôme de Saint-Pierre de Châlon se dessinent sur le bleu du ciel, et peu de temps après le bateau arrive à l'embarcadère de cette ville.

CHALON-SUR-SAONE

Châlon est une ville de 14,000 habitants, agréablement assise sur la rive droite de la Saône et à une des extrémités du canal du Centre ou de Digoin. Elle est en général bien bâtie. Le quai surtout est bordé de jolies maisons.

L'origine de Châlon, comme celle de la plupart des cités gauloises, se perd dans la nuit des temps. César y établit des magasins de grains pour la nourriture de ses légions. Auguste la visita à son passage dans les Gaules. Constantin y séjourna avec son armée en l'an 312 de l'ère chrétienne. Attila s'en empara en 451, après une vive résistance, et la livra aux flammes. Les Sarrasins la saccagèrent en 732. Charlemagne la rebâtit, y tint un concile et y fit construire un palais. Successivement au pouvoir des rois Franks, des Bourguignons et de comtes héréditaires, elle fut définitivement réunie à la France par Louis XI. Les Protestants dévastèrent les églises et y commirent plusieurs excès. En 1814, ses habitants résistèrent courageusement à l'invasion étrangère; ils rompirent deux arches du pont jeté sur la Saône, élevèrent des redoutes, tinrent en échec, pendant un mois, une division autrichienne et n'ouvrirent leurs portes qu'en vertu d'une capitulation honorable.

Les principaux édifices de Châlon sont :

1° L'église Saint-Vincent, ancienne cathédrale bâtie aux XIIIe et XIVe siècles, surmontée de hautes tours qui lui donnent un aspect imposant ;

2° L'église Saint-Pierre couronnée d'une belle et gracieuse coupole qui la signale au loin à l'attention du voyageur ;

3° L'Hôpital, construit de 1528 à 1571, qui renferme sept magnifiques verrières du XVIe siècle, et une chaire et des portes en bois sculpté ;

4° La fontaine de la place de Beaune, bassin octogone du milieu duquel s'élève un piédestal supportant une statue de Neptune.

Il s'est formé à Châlon, en 1844, une Société d'Histoire et d'Archéologie qui a publié un volume de *Mémoires* accompagné d'un bel atlas in-f°, dont un exemplaire vous a été adressé, Messieurs, en échange de vos publications. Le tome II est sous presse et va paraître, ce qui prouve que la Compagnie compte parmi ses membres des hommes laborieux et des savants d'un mérite distingué.

Châlon possède aussi une bibliothèque publique renfermant douze à quinze mille volumes.

DE CHALON A DIJON.

La partie du chemin de fer de Paris à Marseille comprise entre Châlon et Dijon, ayant une longueur de 69 kilom., est en exploitation. Tracé dans la grande plaine de la Bourgogne, sur un sol uni, il a été bien facile à établir et a exigé peu de mouvements de terre.

En sortant de la gare, établie provisoirement à l'ouest de la ville, le train passe sur le canal du Centre et dans des campagnes bien cultivées, traverse ensuite un taillis sur une longueur d'environ 2 kilom., et entre bientôt dans la station de Fontaine-lès-Châlon, village situé au milieu d'une plaine alluviale dont le sol et les récoltes sont médiocres. Les principales cultures sont le blé, le seigle, le maïs, l'orge, la pomme de terre, etc.

Un peu au delà de Fontaine on trouve des vignes en plaine. Le rail-way continue à traverser un pays passablement cultivé, et avant d'arriver à la station de Chagny, il passe sous le canal du Centre au moyen d'un tunnel.

Chagny est un bourg de près de 3,000 habitants, bâti sur la petite rivière de Dheune et près du canal du Centre. L'église, qui porte le cachet des XIIIe et XIVe siècles, est assez curieuse. La station est au milieu des jardins et des vignes. On voit près de là un château dans le goût italien.

A peu de distance de Chagny, on entre dans le département

de la Côte-d'Or et dans les grands crus de la haute Bourgogne. A gauche on remarque un rideau de collines qui donne du relief au paysage, et on ne tarde pas à arriver à la station de Meursault.

Meursault est un gros bourg assis sur un coteau peu élevé, au milieu d'un vignoble dont les produits sont recherchés. Il y existait un château féodal qui fut en partie détruit sous le règne de Louis XI et rasé par le cardinal de Richelieu.

L'église de Meursault est un bel édifice dans le style du xve siècle. La tour, surmontée d'une haute et élégante flèche, est une des plus remarquables de la Bourgogne.

Après Meursault, on aperçoit les villages de Volnay et de Pommard, si connus par les excellents vins qui portent leur nom. Le pays offre beaucoup d'intérêt : à droite se trouve une plaine immense ; à gauche se déroulent des coteaux agrestes dont la base et les flancs sont couverts de vignobles et le sommet inculte. Cet intérêt augmente encore lorsqu'on aperçoit la ville de Beaune.

Beaune, la *Minervia* des archéologues, est désignée dans les *Capitulaires* sous le nom de *Belnisus*. C'est une ville de plus de 10,000 habitants située au pied d'un coteau planté de vignes, et sur la petite rivière de Bouzoise. Les rues sont bien percées ; et les promenades publiques qu'elle renferme ainsi que la jolie fontaine de l'Aigue contribuent beaucoup à son embellissement.

L'église Notre-Dame, qui appartient à plusieurs styles, est surmontée d'une tour centrale terminée par un campanile ; on remarque particulièrement à l'intérieur le support de l'orgue et la première chapelle à droite, délicieux travaux du commencement du xvie siècle.

L'Hôpital, fondé en 1443 par Nicolas Rollin, chancelier de Philippe le Bon, duc de Bourgogne, est construit dans le style mauresque et a un aspect extrêmement gracieux. On admire surtout la cour intérieure dont les quatre côtés sont décorés d'arcades au-dessus desquelles s'élèvent des pignons découpés à jour surmontés de girouettes aériennes. La crête du toit ressemble à un léger tissu de dentelle. L'édifice est couronné par une tour fort élégante. A l'intérieur, les murs de plusieurs salles sont ornés de peintures à fresque.

La ville possède une bibliothèque renfermant plus de dix mille volumes et un beau jardin public.

Beaune est le centre d'un commerce considérable de vins de la haute Bourgogne.

Entre Beaune et Nuits, les coteaux se rapprochent beaucoup de la voie ferrée ; et le paysage prend des proportions plus vigoureuses. On laisse à gauche la commune d'Alox qui produit l'excellent vin de Corton, et on continue à traverser un pays excessivement riche en bons vignobles.

Nuits est une petite ville située dans la plaine, sur le ruisseau de Meuzin et à l'entrée d'une gorge ou anfractuosité existant dans la colline. Elle n'a rien de remarquable que sa position au milieu des crus les plus renommés de la Bourgogne. Derrière règnent des coteaux peu élevés qui ont tous un nom connu.

La ville ne renferme aucun monument intéressant. L'église est moderne et fort commune. L'Hôtel de Ville est un édifice assez médiocre ; mais il y a auprès un jardin public qui a de la fraîcheur et forme une promenade agréable.

A 2 kilomètres de Nuits se trouve Vosne, fort connu pour ses bons vins. Derrière le village on voit les coteaux de la Romanée-Conti, de la Tache et de Richebourg, couronnés par des rochers arides.

En quittant le territoire de Vosne, on entre sur celui de Vougeot, célèbre par le clos de ce nom, dont la réputation est universelle.

Le Clos-Vougeot se trouve à l'entrée du village, sur le bord de la route nationale n° 74. Il contient 50 hectares, y compris les murs, les voies d'exploitation et les bâtiments, et produit, année moyenne, 300 pièces de vin. Il est situé entre la plaine et les collines sur un terrain légèrement incliné vers l'est. Les vignes du bas sont plus fortes, plus vigoureuses et plus productives que celles du haut; mais le vin qu'elles produisent est d'une qualité inférieure. En général les vignes ont, au mois de juillet, un mètre de hauteur. Chaque cep est soutenu par un petit échalas et donne, terme moyen, quatre grappes de raisin pesant ensemble environ 250 grammes.

La vigne n'est jamais engraissée.

A l'angle nord-ouest du Clos se trouvent une habitation et plusieurs vastes bâtiments ruraux. La maison, dont la façade est décorée de quelques sculptures dans le style de la renaissance, date de 1551, à l'exception de la cuisine, qui est plus ancienne. Les celliers remontent à une époque plus reculée; ils sont superbes et peuvent contenir 40,000 pièces de vin. Les pressoirs sont au nombre de quatre et ont beaucoup de rapports avec ceux de notre pays.

Le Clos-Vougeot appartenait avant la révolution de 1789 à l'abbaye de Citeaux. Il est actuellement la propriété de M. Ouvrard, qui possède en outre 2 hectares de vignes du coteau de la Romanée-Conti, 6 hectares de celui de Chambertin et 5 de Corton; de sorte que ses caves renferment les meilleurs vins des grands crus : c'est là qu'il faut en acheter lorsqu'on veut s'en procurer de purs de tout mélange.

La supériorité des vins du Clos-Vougeot tient non-seulement à la nature et à l'exposition du sol, mais aux soins donnés à la vigne, aux précautions prises pour la récolte du raisin, etc. La vendange est toujours faite par un temps sec; elle ne commence qu'au lever du soleil et ne se continue pas après son coucher. M. Ouvrard paye les vignerons et vendangeurs plus cher que les autres propriétaires de vignes; de sorte qu'il a toujours à son service d'excellents ouvriers. Son régisseur, homme capable et instruit, donne une sage impulsion à tous les travaux, qui sont exécutés en temps convenable et d'une manière intelligente.

Le sol du Clos-Vougeot, comme celui de tous les coteaux voisins, repose sur le forest-marble ou calcaire à polypiers. Ce sol est très-médiocre ; s'il était consacré à la culture des céréales, au lieu de produire un revenu annuel de deux à trois mille francs l'hectare, il ne se louerait pas cent francs.

Il est à remarquer que le forest-marble qui, chez nous et dans les autres pays où je l'ai rencontré, est presque toujours recouvert d'une couche plus ou moins épaisse de terre végétale, forme dans la Bourgogne des terrains arides et improductifs, et présente des déchirures et des faces abruptes comme le grès quartzeux, les schistes et le granite.

En face du village de Vougeot se trouve le coteau de Musigny. Sur la même ligne, en allant vers Dijon, on rencontre ensuite ceux de Tore, vis à vis Morey, et de Chambertin, sur le territoire de Gevrey.

Gevrey est un joli bourg situé au milieu de beaux vignobles, dont le plus renommé est le coteau de Chambertin. On y voit les ruines d'un château féodal, flanqué de quatre tours, bâti en 1257.

Au délà de Gevrey, on remarque peu de vignes sur le bord du chemin de fer, mais elles couvrent toujours la base et les flancs des coteaux qui limitent la plaine à l'ouest. Avant son arrivée à Dijon, le rail-way passe sur le canal de Bourgogne, traverse ensuite des jardins sur une levée et s'arrête dans la gare, établie à l'ouest de la ville, près d'une vaste promenade.

DIJON.

Dijon est une belle et riche ville de près de 30,000 habitants, chef-lieu du département de la Côte-d'Or, bâtie à l'extrémité occidentale de la grande plaine de la Bourgogne et baignée par la rivière d'Ouche. Elle est bornée vers l'est par des jardins et des vergers, derrière lesquels s'élèvent de hautes collines, les unes nues et les autres couvertes de bois.

La ville de Dijon est non-seulement curieuse par sa position, son étendue et la largeur et la régularité de la plupart de ses rues, mais encore par le grand nombre de monuments remarquables et d'établissements publics qu'elle renferme, dont les principaux sont :

A. *La Cathédrale.* L'église et l'abbaye de Saint-Bénigne furent fondés en 535 par saint Grégoire, évêque de Langres, sur les ruines d'un temple bâti par Marc-Aurèle, l'an 173 de notre ère, en l'honneur de Jupiter, Mars et Saturne : elles remplacèrent un oratoire élevé, dans le IIIe siècle, par sainte Lucille à l'endroit où saint Bénigne, apôtre de la Bourgogne, avait souffert le martyre. A la fin du XIe siècle, l'abbé Guillaume fit reconstruire l'église sur de plus larges bases, et le pape Pascal II la consacra en 1166. Ayant beaucoup souffert en 1271 par la chute d'une des tours principales, l'abbé Hugues d'Arc la répara quelque temps après.

La façade se compose d'un seul porche en avant-corps et de deux tours semblables, à triple étage, surmontées de pyramides octogones.

Sur la croisée s'élève une flèche en bois, couverte en ardoise ; trop grêle, beaucoup trop haute en raison de sa grosseur et dépourvue d'ornements, cette tour produit un effet disgracieux.

La couverture du chœur et une partie de celle des tours du portail sont en mosaïque dans le genre byzantin.

L'intérieur de l'église n'est pas beaucoup plus orné que l'extérieur. La nef, dont la voûte est soutenue par huit piliers isolés correspondant à un nombre égal de massifs engagés dans les bas-côtés, a 34 mètres de longueur. Les collatéraux s'arrêtent au transept. Il n'y a pas de galerie autour du chœur, qui occupe la partie centrale de la croisée. Le sanctuaire est placé à la romaine.

Saint-Bénigne renferme plusieurs tombeaux en marbre d'un haut mérite, notamment celui de Jean de Berbisey, dû au ciseau du sculpteur Martin. Ce monument est d'un beau style. Jean de Berbisey, qui consacra sa fortune en actes de bienfaisance, est représenté à demi-couché, les mains appliquées l'une contre l'autre et le coude gauche appuyé sur un coussin. Des deux côtés du mausolée se trouvent les statues de la Religion et de la Justice, également en marbre.

On remarque encore dans l'église les figures en pierre de saint Joseph et de saint Augustin, par Bouchardon, celles de saint Jean-Baptiste et de saint Thomas, par Dubois, et les bustes des Apôtres, par ce dernier, habile sculpteur de Dijon.

B. *Notre-Dame.* L'église Notre-Dame est un bel édifice des XIIIe et XIVe siècles, et un modèle assez complet de l'architecture religieuse de cette époque mémorable dans l'histoire de l'art ; elle a été bâtie de 1252 à 1334 sur l'emplacement d'une autre plus ancienne.

La façade principale est remarquable par le caractère original de son ordonnance. Elle forme trois étages superposés. Le premier présente trois arcades ou porches dont les voussures et les tympans étaient richement décorés de bas-reliefs et de statues qui ont été dégradés. Les deux autres étages consistent en arcatures couronnées par un entablement rectiligne. Ces deux arcatures ou galeries appliquées sur le nu du mur, sont composées chacune de 17 colonnettes aériennes dont les chapiteaux sont délicieusement sculptés. Chaque étage est séparé par une frise de lions, de griffons et autres ornements fort riches qui ont beaucoup souffert. A chaque angle de la façade existe une tourelle avec balustrade.

Du point central du chœur et du transept s'élève une tour surmontée d'un petit toit couvert en ardoise.

L'intérieur est d'un beau style. Les bas-côtés ne font pas le tour du chœur : ils sont terminés par des chapelles en forme d'absides. On remarque principalement les élégantes galeries qui règnent autour de l'église. Le maître autel est décoré d'un superbe bas-relief en pierre, représentant l'*Assomption de la Vierge*, qui passe pour être le chef-d'œuvre de Jean Dubois.

Sur l'autel de la chapelle à droite du chœur se trouve l'image vénérée de *Notre-Dame de Bon-Espoir*, spécimen curieux de la statuaire du XIe siècle. Cette image, de petite dimension, est en bois de châtaignier noirci par le temps. Elle est assez grossièrement sculptée. La tête, tout à fait noire, paraît être en ébène. La Vierge est assise et tient l'enfant Jésus sur ses genoux.

Parmi les objets d'art que l'église renferme je dois encore mentionner le buffet d'orgue, délicieux travail dans le style de la renaissance.

C. *Eglise Saint-Michel*. Cette église a été construite à diverses époques. La façade, du temps de la renaissance, est percée de trois portes en forme de porches et flanquées de tours surmontées de petits dômes. Cette façade est ornée de bas-reliefs, parmi lesquels on remarque le *Jugement dernier*, par Hugues Sambin, sculpteur de Dijon.

Sur le pilier symbolique de la porte principale se trouve une belle statue de saint Michel archange.

L'intérieur de l'église, qui porte le cachet du XVe siècle, quoique plusieurs parties soient plus anciennes, est vaste, mais peu orné. Il renferme quelques tombeaux curieux, notamment ceux de Jehannière, premier président du parlement de Dijon et ministre de Henri IV, et de Bouhier, président à mortier au même tribunal.

D. *Palais des ducs de Bourgogne*. L'ancien palais des ducs de Bourgogne fut rebâti en 1366 par Philippe le Hardi. Son petit fils, Philippe le Bon, éleva la tour carrée, dite de l'*Observatoire* et le pavillon ou *Tour de Bar*. Ces deux tours sont actuellement les seuls restes extérieurs de l'ancien édifice, des changements notables y ayant été apportés à la suite des incendies qui le dévorèrent en 1473 et 1502.

La Tour de Bar, qui forme une espèce de pavillon carré à trois étages, est décorée de deux tourelles inégales ou escaliers en encorbellement et surmontée d'un toit aigu, au-dessus duquel s'élève une haute cheminée d'un effet fort pittoresque.

La Tour de l'Observatoire est terminée par une plate-forme avec balustrade. Sur cette plate-forme ou terrasse on a construit un petit belvéder, de 5 mètres de hauteur, couvert en pierre.

E. *Château de Dijon.* Après la réunion de la Bourgogne à la couronne de France, Louis XI, pour imposer aux habitants de Dijon, fit commencer, au nord-ouest de la ville, un château fort que Charles VIII et Louis XII terminèrent. Il forme un carré dont les quatre angles sont flanqués de tours rondes, à plate-forme. Ce château, qui était entouré de fossés larges et profonds, joua un rôle assez marquant lors des guerres de religion et des événements de la Fronde.

F. *Palais de Justice.* Le palais de justice est l'ancien siége du parlement de Dijon. Il fut commencé en 1511 par les ordres de Louis XII et terminé sous ses successeurs. Il est précédé d'un péristyle d'ordre corinthien surmonté d'un dôme. La salle des Assises excite principalement l'attention du voyageur. Bien qu'elle n'ait plus autant d'éclat que sous François Ier, elle est encore une des plus remarquables de France. Le plafond est divisé en compartiments ou caissons rehaussés de dorures et de riches décors ; les panneaux des lambris sont ornés de peintures allégoriques.

G. *Théâtre.* La salle de spectacle est assez belle. Elle a été construite de 1810 à 1828 par les architectes Célérier et Vallot, de Dijon. La façade, qui se trouve sur la place Saint-Etienne, est composée d'un péristyle de huit colonnes d'ordre corinthien supportant un entablement sans ornements. Les faces latérales sont formées de murs droits, percés de fenêtres, qui n'ont rien de monumental.

H. *Musée.* Le musée de peinture et de sculpture est fort curieux ; on y remarque principalement les mausolées en marbre blanc des ducs de Bourgogne Philippe le Hardi et Jean sans Peur qui, avant la révolution de 1789, décoraient l'église des Chartreux. Ces mausolées, du commencement du xve siècle, sont d'un prix inestimable.

Celui de Philippe le Hardi est l'œuvre de Claux Sluter, le plus habile sculpteur ou *tailleur d'ymaiges* de son temps. Le duc est représenté couché sur la partie supérieure du tombeau, autour duquel existent des niches surmontées de dais découpés à jour, d'un travail exquis; dans ces niches se trouvent vingt statues de Chartreux qui sont de véritables chefs-d'œuvre.

Lorsque Claux Sluter exécuta ce monument, il s'était déjà immortalisé en taillant les belles figures du portail de l'église de la Chartreuse de Dijon et le célèbre *Puits de Moïse*, piédestal d'une croix gothique élevée dans la cour de ce monastère; et cependant son nom ne se trouve pas dans la *Biographie universelle*, tandis que des notices sont consacrées à une infinité de personnages obscurs ou peu recommandables. Cet oubli est d'autant plus inconcevable que tout homme qui a un peu le sentiment de l'art est frappé d'admiration en considérant les travaux de l'illustre imagier des ducs de Bourgogne.

Le second tombeau, plus orné encore que le précédent, mais moins précieux sous le rapport de l'exécution, bien qu'il soit aussi un objet hors ligne, a été sculpté par Jean de la Versa, Jean Droguès et Antoine Le Mouturier, qui prirent sans doute pour modèle celui que Claux Sluter avait taillé quelques années auparavant. Les statues couchées de Jean sans Peur et de Marguerite de Bavière, son épouse, décorent la partie supérieure du mausolée, autour duquel existent également, dans des niches artistement ciselées, de superbes statues de Chartreux.

1. *Bibliothèque.* La bibliothèque publique de Dijon est très-riche : elle renferme plus de 40,000 volumes et un grand nombre de précieux manuscrits.

Dijon est le siége d'une académie des Sciences, Arts et Belles-Lettres qui tient un rang distingué parmi les Compagnies savantes de France et dont les travaux sont fort estimés.

DE DIJON A TONNERRE.

Il existe entre Tonnerre et Dijon une lacune de plus de 120 kilomètres dans la grande ligne ferrée de Paris à Lyon, lacune extrêmement désagréable, car la route de terre, tracée dans un pays fort tourmenté et entretenue avec de la pierre calcaire, est une des plus mauvaises de France. On travaille activement à la construction du rail-way entre ces deux villes ; et bientôt on pourra aller de l'une à l'autre avec facilité et agrément.

En sortant de Dijon, la route s'enfonce dans un vallon. A droite s'élève un coteau abrupte sur le flanc duquel le chemin de fer se développe avec ampleur ; à gauche existent des jardins et des prairies formant de beaux tapis de verdure. Au bas de la côte on traverse le canal de Bourgogne.

Le premier lieu habité qu'on rencontre est Velars-sur-Ouche. En face de ce village, on aperçoit le chemin de fer qui franchit une gorge profonde sur le viaduc aérien de la Combe de Fain, à double rang d'arcades, dont la hauteur est de plus de 42 mètres. Le pays est extrêmement pittoresque. D'un côté de la route se trouvent des montagnes couvertes de bois, et de l'autre côté la vallée de l'Ouche avec ses prairies diaprées de fleurs.

Avant d'arriver à Pont de Pany la route quitte la vallée et s'engage entièrement dans un pays coupé de collines fort agrestes.

A Sombernon, bourg et chef-lieu de canton, assis sur une montagne d'où l'on a une vue superbe, se trouvent les ruines d'un vaste château qui fut habité par les ducs de Bourgogne.

En avançant vers Tonnerre, on traverse la petite ville de Vitteaux. A l'est et au sud se développent des montagnes qui vont en s'abaissant vers le nord ; et rien ne frappe particulièrement la vue jusqu'à Montbard.

Montbard, petite ville du département de la Côte-d'Or, est situé sur la Brenne et le canal de Bourgogne. On y remarque quelques jolies habitations ; mais les rues sont, en général, fort en pentes et peu régulières.

Les seigneurs de Montbard étaient riches, puissants et redoutés. Leur château, dont il reste une tour dite de l'*Aubespin*, dominait la ville et les environs. Cette tour, élevée sur un rocher, a 40 mètres de hauteur. Elle a entièrement perdu son appareil guerrier et ne forme plus maintenant qu'un ornement du château moderne, où naquit, en 1707, le célèbre naturaliste Buffon.

L'église est un bel édifice surmonté d'une flèche hardie qui, comme la tour de l'Aubespin, s'élève majestueusement au-dessus des toits ondulés des maisons de la ville.

Au delà du hameau de Pont d'Aisy, dépendant de la commune d'Aisy-sous-Thil, se trouve la limite entre les départements de la Côte-d'Or et de l'Yonne. Le sol est moins accidenté que celui qu'on vient de parcourir, mais il ne s'améliore pas sensiblement. Après avoir relayé à Fulvy, la diligence continue sa route. En sortant de Cuzy, village assis dans une plaine assez mal cultivée, on traverse l'Armançon et le canal de Bourgogne, et on ne tarde pas à arriver à Ancy le Franc.

Ancy le Franc, gros bourg situé sur la rive droite de l'Armançon, renferme un magnifique château bâti sur les dessins du Primatice et de Serlio. Dans la partie supérieure du parc existent des hauts fourneaux appartenant à M. de Louvois, possesseur de ce beau domaine.

Après avoir franchi les limites du bourg on longe un coteau tapissé de vignes. La route est coupée de rampes et de pentes très-fortes, mal entretenue et d'un parcours extrêmement difficile.

Avant d'entrer dans Lézinnes, village assez important, on traverse de nouveau le canal de Bourgogne et l'Armançon. Le chemin de fer est tout près, à droite, et on le perd peu de vue jusqu'à Tonnerre, terme d'un voyage fatigant, mais non sans charme.

TONNERRE.

La ville de Tonnerre, chef-lieu d'un des arrondissements de l'Yonne, est bâtie sur les bords de l'Armançon et est entourée de beaux vignobles dont les produits sont renommés.

Tonnerre est un lieu ancien qui eut pour berceau la montagne voisine, connue encore sous le nom de *Vieux-Château*. Il avait déjà sans doute une certaine importance avant l'invasion des Franks et des Bourguignons, car il se trouvait sur le bord de deux voies romaines ; on y a d'ailleurs découvert des monnaies impériales et d'autres antiquités.

Cette ancienne cité fut entièrement détruite en 1414 par Jean Sans Peur, duc de Bourgogne ; et il n'en reste plus que le souvenir et les ruines du donjon : des vignes sont plantées à la place des habitations qui la formaient.

La ville actuelle est assez bien bâtie et renferme plusieurs monuments dignes d'intérêt, notamment ses églises et son hôpital.

Eglise Saint-Pierre. L'église collégiale de Saint-Pierre, qui domine la ville et la vallée de l'Armançon, est un bel édifice construit sur les ruines d'un château fort. Elle a remplacé une ancienne chapelle romane dont la porte, longtemps cachée dans les murs des fortifications, a été retrouvée en 1846. Cette porte, à double baie, était décorée de bas-reliefs assez curieux, mais qui ont été dégradés et sont maintenant très-frustes.

Le chœur de Saint-Pierre, de la fin du XIIIe ou du commencement du XIVe siècle, est d'un beau style : il est percé de sept élégantes fenêtres ogivales. La tour et la nef, qui datent d'une reconstruction de la fin du XVIe siècle, sont dans le goût de la renaissance.

On remarque principalement à l'extérieur : la tour, surmontée d'une lanterne ; le grand et le petit portail ornés de charmantes frises et de bas-reliefs délicatement ciselés.

Notre-Dame. Cette église, située au milieu de la ville, est de deux époques bien distinctes. Le chœur est de la fin du XIIe ou du commencement du XIIIe siècle ; les autres parties datent des premiers temps de la renaissance, alors que ce style brillait de tout son éclat. Le portail surtout était fort remarquable par les riches bas-reliefs qui le décoraient ; mais ces délicieuses dentelles de pierre ont été fort endommagées par un incendie qui dévora la ville en 1556.

Hôpital. Le monument le plus splendide de Tonnerre est son superbe hôpital, fondé en 1293 par Marguerite de Bourgogne, reine de Sicile, qui le dota de riches revenus. Il s'élève sur les bords de l'Armançon et excite vivement l'attention par son aspect et la régularité de son style.

L'église de cet hôpital renferme le tombeau de Michel Le Tellier, marquis de Louvois, l'un des meilleurs ouvrages de Girardon, et celui de Marguerite de Bourgogne, par Bridan. Ce dernier remplace un autre mausolée élevé à l'illustre fondatrice de l'édifice, qui avait été détruit pendant la révolution.

DE TONNERRE A PARIS.

La station de Tonnerre est établie sur un vaste emplacement près d'une promenade ombreuse. Après en avoir franchi les limites, on distingue les maisons d'un faubourg de la ville ou d'une commune rurale qui s'étendent assez loin au pied d'un coteau planté de vignes.

A 13 kilom. de Tonnerre se trouve la station de Flogny, petit bourg dont l'église et le château, qu'on aperçoit sur la droite, font un charmant effet dans le paysage.

Entre Flogny et Saint-Florentin le rail-way traverse une plaine bien cultivée.

Saint-Florentin est une jolie petite ville avantageusement située au confluent de l'Armance et de l'Armançon. Elle est traversée par deux rues principales qui la coupent à angles droits. A l'intersection des rues existe une place décorée d'une fontaine monumentale.

L'église, qui date des XVIe et XVIIe siècles, n'a malheureusement pas été achevée. C'est un beau monument de la renaissance décoré de sculptures fort élégantes.

On remarque à Saint-Florentin un pont aqueduc sur lequel

le canal de Bourgogne traverse l'Armance.

Au delà de Saint-Florentin le paysage est animé par des villages échelonnés de chaque côté de la rivière et un rideau de peupliers planté sur les bords du canal. Le convoi traverse des marais et des terrains peu productifs, et ne tarde pas à arriver à la station de Brienon.

Brienon, petite ville bâtie sur l'Armançon et le canal de Bourgogne, est coupée en deux parties inégales par le chemin de fer. L'église et le principal groupe d'habitations sont à droite.

De Brienon à la Roche le rail-way continue à suivre le canal et l'Armançon.

La station de la Roche est établie sur un terrain bas, marécageux et ombragé de peupliers. Un peu plus loin, le sol devient moins humide ; des coteaux couverts de vignobles viennent réjouir la vue ; on entre dans la vallée de l'Yonne, et on arrive bientôt à la station de Joigny, située au midi de la ville.

Joigny, chef-lieu d'arrondissement, est bâti sur la rive droite de l'Yonne, partie en plaine et partie dans le coteau qui s'élève au-dessus. La ville est dominée par les murailles d'un château que le duc de Villeroy fit commencer, qui n'a pas été terminé, et d'où l'on jouit d'une vue superbe sur la vallée et les campagnes qui la bordent.

L'église principale est un bel édifice du XVe siècle, très-orné de sculptures ; elle se détache bien des maisons et a un aspect majestueux.

A la sortie de Joigny, le terrain redevient marécageux et couvert de peupliers d'Italie ; mais à droite les coteaux sont peu éloignés. Bientôt le train laisse derrière lui les marais et franchit une plaine encadrée dans des collines de craie blanche ; et avant d'arriver à Saint-Julien du Sault, il traverse un terrain plus ondulé et presque entièrement planté de vignes.

Saint-Julien du Sault est un gros bourg situé, sur la rive gauche de l'Yonne, au milieu des arbres et d'un marais de peu d'étendue.

Il est entouré de vignobles qui produisent des bons vins.

L'église, qui date des XIIIe et XIVe siècles, mais dont quelques parties sont de la renaissance, est vaste et intéressante. On remarque particulièrement à l'intérieur les superbes verrières, du temps de Saint-Louis, qui décorent les fenêtres des trois chapelles de l'abside et plusieurs pierres tombales fort curieuses.

Presqu'en face de la station on voit, sur une éminence, une modeste chapelle d'où, suivant la légende, saint Julien, pour échapper à ses ennemis qui le poursuivaient, s'élança, à cheval, d'un seul bond dans la vallée ; et pour conserver la tradition de ce saut miraculeux, une source d'eau vive jaillit à l'instant au-dessus du sol sur lequel le saint et son intrépide coursier étaient tombés, source qui alimente encore une fontaine fort connue dans le pays.

La chapelle Saint-Julien, qui remonte au XIIe siècle et tombe en ruines, renferme une cuve baptismale du XIVe siècle et un tabernacle et un retable en bois sculpté de la fin du XVe. De cette chapelle la vue plane sur la vallée de l'Yonne et s'étend au loin sur des sites variés.

Rien ne s'offre particulièrement aux regards du voyageur entre Saint-Julien et Villeneuve. La principale culture du pays est la vigne, qui couvre presque tous les coteaux dont le sol est crayeux, léger, peu profond.

Villeneuve-sur-Yonne ou le Roi est une jolie petite ville située dans une plaine entourée de riantes collines parsemées de maisons de craie blanche d'un aspect agréable. Elle est traversée par une rue large et droite aux extrémités de laquelle se trouvent deux portes à tourelles, couronnées de toits pointus avec aigrettes en plomb, nommées l'une de Sens et l'autre de Joigny. Ces portes, dont le massif est du XIIIe siècle et les tourelles du XVe et du XVIe, méritent d'être visitées ; elles sont précédées de belles promenades.

L'église est un bon type de l'architecture de la fin du XIIIe et du commencement du XIVe siècles, à l'exception du portail qui porte le cachet du XVIe. On remarque principalement à l'intérieur : 1° les vitraux de la fenêtre existant en face du banc d'œuvre représentant le *Jugement dernier* et attribués à Jean Cousin ; 2° le bénitier de la porte méridionale, charmant ouvrage du XIIIe siècle, composé d'une cuvette octogone surmontée d'un dais richement orné.

Il y avait autrefois à Villeneuve un château royal dont il reste encore le donjon, nommé la *Tour de Louis le Gros.* Cette tour, qui paraît remonter au XIIIe siècle, est fort curieuse.

Le sol des environs de Villeneuve est léger et assez bien cultivé, mais en petits sillons. Ses principales productions en céréales sont le seigle et l'avoine. Le sommet des coteaux un peu élevés est dénudé ou couvert de petits taillis.

A peu de distance de Villeneuve on voit des prairies irriguées artificiellement. Le fond de la vallée continue à être humide, ombragé d'arbres et de médiocre qualité comme terrain en labour. Avant d'arriver à Sens, le rail-way traverse une plaine sans vignes, mais on en retrouve dans les coteaux qui précèdent et entourent cette ville.

Sens, l'ancienne capitale des Sénonais, était une ville gallo-romaine somptueuse. Jules César la nomme *Agendicum* et Ptolémée *Agedincum.* Sous l'empereur Valens elle devint la métropole de la 4e Lyonnaise ; et du temps de Charlemagne elle avait encore une grande importance. Aujourd'hui c'est le siége d'un archevêché et d'une sous-préfecture, dont la population est de 10,000 âmes.

La ville de Sens est située sur la rive droite de l'Yonne, dans la vallée de ce nom. Elle est, en général, bien bâtie. Les rues sont propres, assez régulières et sillonnées par les eaux de la Vanne, qui y sont amenées par des conduits et servent à les nettoyer, à les assainir. Il est à regretter que des fontaines publiques n'aient pas été établies pour recueillir une partie de ces eaux, dont l'aménagement régulier offrirait de grands avantages aux habitants.

Il existe encore à Sens de beaux restes de l'enceinte gallo-romaine, formée de murailles flanquées de tours dont la maçonnerie d'élevation est en petit appareil régulier, avec des chaînes de brique, et les fondations en grosses pierres de taille, la plupart chargées de riches sculptures, provenant de la destruction des monuments de l'antique cité.

Les magnifiques édifices qui ornaient la ville de Sens sous les Empereurs sont depuis longtemps détruits ; mais le moyen âge l'a dotée de la belle cathédrale de Saint-Etienne. Cette église est très-vaste et fort remarquable malgré l'irrégularité de son plan, la différence de forme et de style des deux tours de la façade et l'absence de la flèche ou du campanile qui s'élève ordinairement sur la croisée des églises gothiques.

La construction de la cathédrale actuelle fut commencée en 972 par saint Anastase, 54e archevêque ; et Seuvin, son successeur, en fit la dédicace en 998 ou 999. Elle fut augmentée et presque entièrement rebâtie de 1122 à 1168 par les archevêques Daimbert, Henri Sanglier et Hugues de Toucy, à l'exception des tours et du transept qui sont plus modernes.

La tour septentrionale a été construite en 1184 par Philippe-Auguste. N'ayant pas été achevée, elle fut provisoirement surmontée d'un toit en charpente couvert en plomb qui a subsisté jusqu'en 1845. La tour méridionale, qui appartenait à l'édifice du xe siècle, s'écroula avec fracas le Jeudi-Saint de l'an 1267. Pierre de Charny, 71e archevêque, la fit relever, et elle prit le nom de *Tour-Neuve*. A la fin du xve siècle, Tristan de Salazar, 79e archevêque, la fit exhausser d'un étage.

Sous l'épiscopat de ce dernier archevêque les travaux de construction reçurent une grande impulsion ; le transept fut construit, et la cathédrale prit la forme définitive qu'elle a aujourd'hui.

La longueur totale de l'édifice est de $111^m,91$, la largeur de 38 mètres et la hauteur des voûtes du chœur et du transept de $23^m,50$ et $23^m,80$.

La façade principale se compose de trois porches historiés et de deux tours de style et d'époque différents.

Le porche central est décoré d'une suite de bas-reliefs représentant les diverses phases de la vie de saint Etienne, dont la statue se trouve sur le pilier qui divise la porte géminée. Sur les pieds-droits on voit les Vierges sages et les Vierges folles. Les parois latérales étaient autrefois ornées des figures des douze apôtres placées sous des dais et ayant des lions sous leurs pieds.

Le tympan et les deux premières archivoltes du porche du côté droit figurent, dans une suite de tableaux, les principaux traits de l'histoire de saint Jean-Baptiste. La troisième archivolte est dégradée et illisible.

Sur le porche du côté gauche on remarque particulièrement l'assomption de la Vierge. Les parois extérieures étaient ornées de statues qui sont mutilées.

Au-dessus des porches s'élèvent les deux tours, entre lesquelles se trouve une grande fenêtre ogivale surmontée d'un fronton triangulaire.

La tour du nord, inachevée, se compose de trois étages dont les deux premiers sont romans et le troisième ogival. Celle du midi, ou *Tour-Neuve*, est formée de deux étages à arcades, d'un troisième percé de deux grandes fenêtres sur chaque face et terminée par une plate-forme avec balustrade à jour, surmontée de pinacles élégants. A l'angle droit s'élève une petite tourelle octogone, dans le style de la renaissance, qui ne produit pas un effet merveilleux, quoiqu'elle soit très-délicatement sculptée.

Les deux portails latéraux dits de la sainte Vierge et d'Abraham, sont dans le style flamboyant du xve siècle et fort ornés ; le dernier surtout est extrêmement remarquable. Les deux archivoltes sont couvertes de statuettes, la plupart mutilées : la première représente les douze tribus d'Israël ; la seconde figure les petits prophètes et les sibylles les plus célèbres.

L'intérieur de la cathédrale est assez régulier, mais les chapelles ne sont pas établies sur un plan symétrique. L'ensemble manque de majesté, à cause du peu d'élévation des voûtes et de l'absence presque complète des élégantes galeries à jour qui décorent la plupart des églises ogivales. Le chœur, qui absorbe presque la totalité de la partie centrale du transept, a été fermé par des jubés en stuc de différentes couleurs, imitant des marbres et des brèches. Ces jubés sont surmontés d'un attique décoré de figures allégoriques. Ils forment un anachronisme choquant avec le style de l'édifice; et il est à désirer qu'ils soient démolis et que le chœur soit renfermé dans ses limites naturelles, afin de restituer au transept la place que l'art lui assigne.

La cathédrale renferme plusieurs objets curieux, parmi lesquels on distingue :

I. Le mausolée en marbre blanc du Dauphin, père de Louis XVI, et de Marie-Josephe de Saxe, son épouse, établi au milieu du chœur. Ce monument, œuvre de Guillaume Coustou fils, a été érigé en 1777 ; il est composé d'un grand nombre de figures dans le goût de l'époque, c'est-à-dire beaucoup plus païennes que chrétiennes : mais l'ensemble est d'un bel effet.

II. Une statue de la mère du Sauveur, placée dans la chapelle de la Vierge sur un pilier et au-dessus d'une console ornée d'un bas-relief artistement ciselé.

III. Le retable en pierre de la chapelle Saint-Eutrope, représentant les scènes de la Passion en dix-sept sujets et soixante-dix-huit figures.

IV. Le martyre de saint Savinien, groupe en marbre existant dans une des chapelles de l'abside.

V. Des restes de vitraux peints, notamment ceux des fenêtres des bas-côtés du chœur, qui sont du XIIIe siècle; des rosaces des deux portails latéraux, dont les vives couleurs annoncent le commencement du XVIe ; de la chapelle Saint-Eutrope, œuvre de Jean Cousin.

Outre la cathédrale on doit visiter à Sens :

1° L'église Saint-Savinien, qui est en partie du XI° siècle ;

2° L'ancien hôpital ;

3° L'ancien palais de justice ;

4° Plusieurs maisons gothiques et de la renaissance ;

5° Les restes de l'enceinte gallo-romaine ;

6° La bibliothèque publique.

Il existe à Sens une Société archéologique fondée, il y a moins de dix ans, qui a publié, en 1846, un volume de *Mémoires* que vous possédez, Messieurs, dans votre bibliothèque. Il est à craindre que cette intéressante publication n'ait pas été continuée, car nous n'avons rien reçu de l'honorable Compagnie depuis l'envoi de son premier bulletin.

Peu de temps après avoir quitté la station de Sens on remarque, en passant, la petite église de Saint-Martin du Tertre, pittoresquement assise sur une éminence. Le pays qu'on parcourt offre de l'intérêt, le chemin de fer étant tracé entre l'Yonne et des coteaux parsemés de jolies maisons de craie blanche et de pampres verts.

A 15 kilom. de Sens se trouve la station de Pont-sur-Yonne, bourg situé au milieu de belles prairies et dominé par son église. A peu de distance de ce bourg on aperçoit, sur le sommet d'une colline, un moulin à vent, qui donne du ton et de l'animation au paysage.

En sortant de la station de Pont, le convoi s'engage dans une tranchée profonde ; mais il reparaît bientôt en plaine, laisse à droite un village adossé contre une colline, continue à suivre la vallée de l'Yonne, toujours encadrée dans des coteaux arides plantés de vignes, et arrive à Villeneuve la Guyard, petite ville située au milieu d'un marais fort couvert.

A quelques kilomètres au delà de Villeneuve on entre dans le département de Seine et Marne, mais la vallée de l'Yonne ne change pas sensiblement d'aspect jusqu'à Montereau.

Montereau, l'ancien *Condate*, est favorablement situé au

confluent de l'Yonne et de la Seine et au pied d'une colline couronnée par le château de Surville, d'où l'on jouit d'une magnifique vue.

La partie principale de la ville se trouve sur la rive gauche de l'Yonne et est jointe à la rive droite par un beau pont de pierre. Un autre pont réunit les deux bords de la Seine. C'est sur ce dernier que Jean Sans Peur, duc de Bourgogne, fut assassiné, le 10 septembre 1419, par des seigneurs de la suite du dauphin, depuis Charles VII, et en présence de ce prince.

Montereau a été illustré par le brillant fait d'armes du 18 février 1814. Là Napoléon donna une nouvelle preuve de son puissant génie ; il battit les Autrichiens et les força à se retirer précipitamment devant des forces bien inférieures aux leurs.

Il existe à Montereau une manufacture considérable de porcelaine tendre, porcelaine opaque et terre de pipe, dont les produits sont fort estimés et très-répandus.

L'établissement du chemin de fer de Paris à Lyon a donné de l'importance à cette ville, qui est le point de départ de l'embranchement de Troyes.

A Montereau on entre dans la vallée de la Seine, et rien ne frappe particulièrement la vue jusqu'à Moret, charmante petite ville située à la jonction du Loing et du canal de ce nom avec le fleuve.

Au moyen âge, Moret était une place importante entourée de murailles et de fossés. Les rois de France y avaient un palais, où Louis VII convoqua une assemblée des barons du royaume en 1155. Ce palais fut habité par saint Louis, Philippe-Auguste, Charles VI, etc. François Ier y fit de fréquents séjours avec la duchesse d'Estampes. Il restaura le château ; et, par ses ordres, Jean Goujon l'orna de superbes sculptures qui ont disparu avec la somptueuse demeure où eurent lieu tant de fêtes royales et de joyeux ébats.

L'église de Moret est un curieux édifice du XIIe siècle, dont la dédicace fut faite en 1166 par saint Thomas de Cantorbery.

A Moret le paysage devient plus animé. Les bords de la Seine sont parsemés de maisons blanches, et le sol est couvert de vignes, de céréales, de pommes de terre. Bientôt on entre dans la forêt de Fontainebleau, et le train s'arrête un peu plus loin à la station de Thommery.

C'est sur le territoire de la commune de Thommery que se trouvent les treilles qui donnent le délicieux raisin connu sous le nom de *Chasselas de Fontainebleau*. Ces treilles produisent annuellement pour 4 à 500,000 francs de fruits.

A peu de distance de la station, on traverse une vallée sur un beau viaduc et on continue à parcourir la forêt jusqu'à la station de Fontainebleau, entourée de maisons. La ville et le château de ce nom, que je n'ai pas eu le temps de visiter, se trouvent à 2 ou 3 kilom. de là, et une magnifique chaussée y conduit.

La forêt de Fontainebleau, qui contient plus de 16,000 hectares, est une des plus vastes, des plus belles, des plus renommées de France. Elle renferme des sites enchanteurs, des paysages ravissants. Ici c'est un vallon solitaire encaissé entre deux collines aux faces abruptes; là serpente au milieu des prairies émaillées de fleurs un petit ruisseau dont la source est cachée sous un berceau de feuillage ; plus loin des arbres centenaires élèvent vers le ciel leur cime majestueuse ; ailleurs le sol est couvert de rochers de grès tertiaire, dont la tête grisâtre tranche sur la verdure du bois ; enfin des villages entourés de jardins et d'arbustes, des terrains cultivés, des vignes couvertes de pampres verts complètent le tableau varié que présente le sol. Le chant des oiseaux, le murmure de la brise, la vue d'un chevreuil qui se joue au milieu des grandes herbes, la poésie des souvenirs ajoutent à la beauté des lieux et concourent à leur donner un charme inexprimable. Le philosophe y vient méditer sur les causes des révolutions politiques ; le poëte y trouve de douces inspirations; l'artiste y crayonne de charmants paysages : personne ne les visite sans en emporter des impressions durables.

A Bois le Roy, autre station située dans la forêt, on se rapproche de la Seine, qu'on avait perdue de vue ; et après avoir franchi les limites de cette forêt, on ne tarde pas à apercevoir les tours de Melun. Avant d'arriver à la gare de cette ville, on voit, sur la droite, au delà du fleuve, le joli château de Vaux, bâti à l'italienne.

Melun, chef-lieu du département de Seine et Marne, est situé dans une île et sur les deux bords de la Seine, et est ainsi divisé en trois parties qui communiquent entre elles au moyen de deux ponts : la plus considérable se trouve sur la rive droite du fleuve et s'élève légèrement en amphithéâtre sur le flanc d'un coteau qui domine la ville.

Du temps de la conquête des Gaules, Melun était renfermé dans l'île ; et Labienus, un des lieutenants de Jules César, s'en empara l'an 52 avant notre ère. Dans les XIe et XIIe siècles, les rois de France y avaient un palais, et plusieurs y moururent.

La ville de Melun se trouve dans une heureuse position et est assez bien bâtie. Elle possède des quais spacieux et de jolies promenades, mais peu de monuments remarquables. On visite néanmoins avec intérêt : l'église Notre-Dame, ancienne collégiale, qui paraît appartenir au XIe ou au XIIe siècle ; Saint-Aspais, qui renferme des vitraux estimés ; la préfecture, superbe édifice élevé sur une éminence, d'où l'on jouit d'une belle vue.

Peu après avoir franchi les limites de l'embarcadère, le train traverse la Seine, s'engage dans une tranchée et s'arrête ensuite un instant à la station de Cesson, petit village situé dans une plaine.

De cette station à celle de Lieusaint on traverse des campagnes assez bien cultivées et couvertes de belles récoltes de céréales et de légumes. De là à Combs la Ville, village bâti sur un coteau peu élevé, au pied duquel coule l'Yères, on ne distingue rien de notable.

Entre cette station et celle de Brunoy on franchit la limite des départements de Seine et Marne et de Seine et Oise. Le pays continue à être assez fertile, mais le sol végétal, formé d'alluvions tertiaires, est peu profond et a besoin d'être stimulé par des engrais.

Brunoy est un joli village où les rois de France avaient un logis au moyen âge. Le magnifique château qu'y fit construire, dans le XVIIIe siècle, le riche financier Paris de Montmartel et les excentricités de son fils donnèrent de la célébrité à ce lieu.

Le marquis de Brunoy possédait dans les environs de Pont-l'Evêque des terres considérables où il fut relégué après avoir dissipé une partie de l'immense fortune que son père lui avait laissée et qu'on évaluait à 36,000,000 de francs, chiffre énorme pour l'époque. On raconte encore dans le Pays d'Auge une infinité d'anecdotes sur son compte.

Parmi les excentricités qui avaient provoqué l'interdiction du marquis, on citait les dépenses par lui faites pour la procession de la Fête-Dieu, en 1770, à son château de Brunoy. Il y avait 150 ecclésiastiques ; et il avait revêtu un grand nombre de laïcs de superbes chapes : de sorte que le nombre des personnes couvertes de ce vêtement s'élevait à 400. La mise en scène était digne de cet appareil religieux. Des avenues factices, formées d'arbres entiers arrachés des bois voisins, apportés à grands frais et replantés en lignes, avaient été établies; entre les arbres se trouvaient 25,000 pots de fleurs, et la décoration était complétée par six reposoirs d'une magnificence inouïe. Après la procession, le marquis réunit dans un banquet de 800 couverts les prêtres, les chapiers et beaucoup d'autres invités.

Lorsque dans l'instance en interdiction on articula contre lui, entre autres actes de prodigalité, les frais de cette procession fameuse, il répondit gravement que son père ayant offert une collation à Louis XV qui avait coûté un million, il avait bien pu, lui, dépenser 1,500,000 francs pour fêter le roi des rois.

On remarque à Brunoy de jolies maisons de campagne entourées de parcs et de jardins tout resplendissants de fleurs.

En sortant de Brunoy, le train passe la vallée de l'Yères sur un viaduc, s'engage ensuite dans une tranchée, traverse un pays couvert, accidenté, attrayant, et s'arrête à la station de Montgeron, village situé sur une hauteur, où se trouve un beau château.

De Montgeron à Villeneuve Saint Georges il n'y a que 3 kilomètres qui sont franchis en quelques minutes.

Villeneuve Saint-Georges est une charmante petite ville assise entre un coteau et la Seine, sur la rive droite de cette rivière et au confluent de l'Yères. Elle est environnée de délicieuses habitations parmi lesquelles on distingue le château de Beauregard, bâti sur une colline, d'où la vue plane sur le cours de la Seine et embrasse, dans le lointain, d'un côté le vieux donjon de Montlhéry et de l'autre les tours et les dômes majestueux de la capitale.

Au delà de Villeneuve, le chemin de fer traverse une plaine au milieu de laquelle la Seine coule tranquillement dans un lit presque de niveau avec la surface du sol et entièrement nu; il entre bientôt dans le département de la Seine et passe la Marne à Charenton, gros bourg dont les maisons blanches, propres, bien bâties ont un aspect fort agréable.

Charenton est le dernier lieu habité qui devait être cité dans mon voyage, car à peine le convoi avait-il franchi les limites de ce bourg qu'il entrait dans le vaste embarcadère du boulevard Mazas : j'étais de retour à Paris.

RÉSUMÉ.

Après avoir décrit des pays de forme et de nature fort diverses, fait connaître leurs produits, signalé les principaux centres de population qui les animent et les monuments remarquables qu'ils renferment, je crois, Messieurs, devoir joindre aux nombreux tableaux que j'ai fait passer sous vos yeux un résumé comparatif de ces pays avec le nôtre.

Le sol natal a un attrait magique, exceptionnel pour nous, parce qu'il a été témoin des jeux de notre enfance et qu'il renferme nos parents, nos amis, tout ce qui nous est cher : nous le voyons donc toujours sous une forme embellie, un peu idéale, et les jugements que nous en portons sont souvent empreints d'exagération. Mais en faisant la part du sentiment national, il est facile d'examiner, de comparer et de juger, non suivant les inspirations du cœur, mais avec les lumières de la raison : c'est ce que je vais faire, et je crains peu que mes appréciations soient sérieusement critiquées.

Les bords de la Loire, du Cher, de l'Allier, du Rhône, de la Saône, de l'Yonne et de la haute Seine sont agréables et productifs ; mais on n'y trouve pas la richesse et la splendeur de végétation qu'on admire dans les vallées de l'Aure, de la Dive, de la Vire et de la Touques.

J'ai vu dans plusieurs contrées des champs bien cultivés ; mais leurs produits agricoles ne sont pas aussi variés que les nôtres : je n'ai remarqué pendant mon voyage, excepté dans les départements de l'Allier et du Puy de Dôme, qu'une seule espèce de froment, le blé sans barbe que nous désignons sous le nom de *blé chicot*.

Les noyers qui couvrent les plaines et bordent les routes du Berry, du Nivernais, du Bourbonnais et de l'Auvergne font un bel effet dans le paysage ; mais j'aime beaucoup mieux nos pommiers, dont les fleurs blanches nuancées de rose décorent si splendidement les vallées et les coteaux dans les beaux jours du printemps, et qui produisent des fruits aussi agréables à l'œil que précieux pour la fabrication du cidre, l'une des boissons les plus saines que Dieu a données à l'homme.

Notre département n'offre pas des vues aussi belles que celles qui frappent les yeux du sommet du Puy de Dôme, du point culminant des montagnes du Forez et du haut de l'observatoire de Fourvières ; mais celles dont on jouit de Notre-Dame de Grâce, de l'ancien prieuré de Montargis, de Saint-Clair la Pommeraye, du milieu de la côte de Clécy, de Caumont, de la lanterne de la tour centrale de la cathédrale de Bayeux, etc. sont aussi très-attachantes; car de la plupart de ces points on decouvre non-seulement une grande variété d'objets, une étendue de pays considérable, mais la mer, l'un des spectacles naturels les plus grandioses et les plus saisissants du globe terrestre.

Les sites des environs de Clermont, de Thiers et de Lyon sont certainement admirables ; mais les bords de l'Orne et de la Vire, la *Brèche au Diable*, le Val d'Ante et une partie des falaises de notre littoral offrent aussi des tableaux extrêmement pittoresques.

Les monuments religieux d'Orléans, de Bourges, de Clermont, de Lyon, de Dijon, de Sens sont sans aucun doute dignes de toute l'attention de l'artiste et de l'antiquaire; mais la cathédrale de Bayeux, les églises Saint-Etienne, Saint-Pierre et Sainte-Trinité de Caen, l'ancienne cathédrale de Lisieux méritent également d'être visitées et renferment des détails aussi intéressants qu'aucun autre édifice du même genre d'architecture. Quant aux églises de campagne, celles de Tour, de Louvières, de Vierville, de Colleville-sur-Mer, de Bernières, de Langrune, de Norey, de Rouvres, de Saint-Pierre-sur-Dive, etc. peuvent hardiment soutenir la concurrence avec ce que les autres pays possèdent de plus remarquable. Nulle part on ne trouve autant de belles églises gothiques que dans les arrondissements de Bayeux, de Caen et de Falaise. Si le roman ne s'est développé avec la largeur qu'au delà de la Loire, on peut dire hautement que la véritable patrie du style ogival est la Normandie, que c'est dans cette province où il a été le plus populaire, où il a pris le plus d'extension, où il s'est manifesté avec le plus de grâce et de magnificence, surtout dans le Bessin et la plaine de Caen.

Sous le point de vue du bien-être général, le Calvados n'a rien à envier aux départements que j'ai parcourus dans le cours de mon voyage. Nulle part on ne mange de meilleure viande et de meilleure volaille ; nulle part le poisson n'est plus abondant ni plus savoureux ; nulle part le lait et le beurre n'ont autant de qualité ; nulle part les cultivateurs et les ouvriers ne sont ni aussi confortablement logés ni aussi bien nourris que dans le Pays d'Auge et le Bessin ; nulle part les voies de communication ne sont parvenues à un état de viabilité aussi satisfaisant que chez nous : presque partout les routes laissent beaucoup à désirer tant sous le rapport de la régularité que de l'entretien ; la voirie vicinale ne s'est pas notablement améliorée : on a construit des lignes de grande communication, mais j'en ai vu peu de parfaitement viables ; et les chemins vicinaux ordinaires sont, en grand nombre, restés à l'état de sol naturel ou de simple réparation.

Ainsi donc le Calvados n'a rien à envier aux autres pays ; il ne lui manque pour être réellement une terre de promission qu'un peu plus de soleil, quelques bons vignobles, des canaux navigables et un chemin de fer pour exporter ses produits. Il peut vivre avec la température que le Ciel lui a départie ; son cidre, qu'il produit en abondance, remplace le vin avec plus ou moins d'avantages ; mais il ne peut, sans perdre une partie de sa richesse territoriale et de son importance, être longtemps encore privé de voies de transport à grande vitesse.

(*Extrait du Bulletin de la Société d'Agriculture, Sciences, Arts et Belles-Lettres de Bayeux.* — *Année* 1851).

Bayeux, imp. de Saint-Ange DUVANT fils et Cᵉ.

www.ingramcontent.com/pod-product-compliance
Ingram Content Group UK Ltd.
Pitfield, Milton Keynes, MK11 3LW, UK
UKHW031918260826
14628UKWH00003B/1280

9 782019 690304